La schizophrénie

Pr Nicolas Franck

La schizophrénie

La reconnaître et la soigner

Odile Jacob

15, rue Soufflot, 75005 Paris

www.odilejacob.fr

ISBN 2-7381-1846-1

À ma famille et, tout particulièrement,
à Maximilien, Stanislas et Athénaïs

À Caroline

Introduction

Pourquoi écrire un livre sur la schizophrénie ? Ce terme ne désigne-t-il pas l'indicible, le non-explicitable, l'absolu chaos conceptuel ? Habituellement, on n'écrit pas sur ce qui ne se décrit et ne se comprend pas. Néanmoins l'idée que la schizophrénie est incompréhensible est héritée d'une vision actuellement largement dépassée. Le mystère de la schizophrénie a, en effet, été élucidé pour une bonne part et ceci a permis de considérablement améliorer les prises en charge et le sort des sujets souffrant de cette maladie.

Malgré ces avancées importantes, la schizophrénie est encore largement méconnue du grand public. Le niveau d'information général sur cette maladie reste relativement faible et des idées fausses sont encore très présentes. On n'entend le plus souvent parler de schizophrénie qu'à l'occasion d'actes violents ou incongrus. Or ceux-ci ne sont ni fréquents ni représentatifs du comportement habituel des patients, qui se caractérise beaucoup plus souvent par une impossibilité d'agir que par une activité excessive (qu'il s'agisse d'une agitation ou d'une agressivité). En effet, les patients schizophrènes souffrent fréquemment d'une incapacité pathologique à mettre en œuvre des actions. D'ailleurs, ils sont de ce fait parfois jugés, à tort, comme paresseux par leurs proches. On voit déjà, à travers ces exemples, que des idées parfaitement contradictoires (violence *versus* paresse) circulent sur cette maladie.

Par ailleurs, la schizophrénie évoque souvent, également à tort, un dédoublement de la personnalité. Or les patients ne sont pas dédoublés (le dédoublement existe bien, mais il s'agit d'un trouble différent, qui n'est pas apparenté à la schizophrénie), mais dans certains cas ils se sentent morcelés ou ne ressentent plus les limites qui les séparent de certaines personnes de leur entourage.

Ces éléments contribuent à l'entretien d'une fausse appréciation, nourrie de peurs et d'*a priori*, de la schizophrénie ; une des conséquences en est une certaine réticence des malades – et de leurs familles – aux prises en charge proposées, dont ils ne peuvent comprendre l'intérêt puisqu'ils ne conçoivent pas qu'il s'agit d'une maladie requérant un traitement approprié. Le fait de renoncer à des jugements de valeur et d'être en mesure d'interpréter le comportement des patients comme la conséquence de leur maladie permet de se placer dans une position de compréhension et de soutien, à la fois profitable pour eux et pour leur entourage (qui pourra ainsi prendre du recul et subir moins péniblement les anomalies auxquelles il a affaire).

Ces constatations montrent l'utilité d'apporter un éclairage nouveau sur ce trouble. Cette maladie et surtout les patients qui en souffrent méritent en effet largement qu'on leur consacre un livre tel que celui-ci.

Qu'est-ce que la schizophrénie ? Quels rapports entretient-elle avec ce que l'on appelle communément la folie ou, en médecine, les psychoses ? Comment la frontière entre raison et déraison est-elle franchie ? Quels facteurs (dont les traitements, mais aussi l'entourage) peuvent aider un patient à recouvrer son état antérieur ?

Le présent ouvrage apporte des réponses à ces questions ; il est tout particulièrement destiné à l'entourage des personnes malades (les membres de la famille, mais aussi les proches en général). Il ne s'agit donc pas d'un ouvrage scientifique, mais d'un livre écrit pour le grand public. Il a pour objectif de permettre au lecteur de mieux comprendre les troubles dont souffrent les personnes atteintes de schizophrénie. La formulation se veut accessible à une personne n'ayant reçu aucune formation médicale ou paramédicale. Il s'appuie néanmoins sur les données fournies par les recherches scientifiques les plus récentes (aussi bien les données d'observation que les modèles théoriques les mieux acceptés actuellement) et vise donc au total à fournir une information à la fois claire, simple, pertinente (c'est-à-dire éclairant la compréhension des phénomènes schizophréniques) et valide (c'est-à-dire qui ne soit pas le fruit du hasard, ni celui de l'observation de cas particuliers, mais puisse être appliquée à un nombre significatif de patients).

Comment mieux comprendre quelqu'un d'autre qu'en se mettant à sa place ? Nous tenterons ainsi, pour mieux comprendre la schizophrénie, de nous mettre à la place des patients qui en souffrent, de vivre leur trouble de l'intérieur, afin d'être en mesure de mieux les comprendre et les aider. Afin d'introduire le lecteur dans l'univers de la schizophrénie et de tenter de lui faire vivre ce que les patients peuvent éprouver au quotidien, les différents chapitres de ce livre débuteront par de courtes descriptions cliniques. Celles-ci sont parfois volontairement écrites du point de vue des patients et non depuis celui des soignants ou d'un observateur extérieur. Elles décrivent le ressenti de personnes présentant différents tableaux de la maladie et traversant différentes phases de son traitement. Partir du vécu des patients, en l'interprétant en fonction des données scientifiques actuelles, a pour but de permettre au lecteur d'effectuer un véritable voyage au cœur de la schizophrénie. Les patients souffrant de schizophrénie placent souvent leur entourage dans la plus grande perplexité, du fait de leur comportement et de leur discours, qui paraissent dépourvus de sens. Il manque alors à leurs proches les clés permettant de comprendre ce qui les conduit à penser et à agir ainsi.

Les données présentées dans ce livre montrent que la schizophrénie est de mieux en mieux comprise et que son traitement est en train de faire de grands progrès. Ces constatations doivent donner de l'espoir aux patients souffrant de ce trouble et à leurs familles. Une augmentation du niveau de connaissance, reposant sur la diffusion d'une information à la fois simple et pertinente, contribuera à favoriser une implication dans les soins des patients et de leur entourage.

La structure de l'ouvrage est bipartite. Les cinq chapitres de la première partie présentent ce qu'est la schizophrénie dans un esprit didactique, en tenant compte des données actuelles de la science. Les symptômes de la schizophrénie, leurs mécanismes de production, ainsi que les facteurs causaux hypothétiques de cette maladie y sont expliqués. Les trois chapitres de la deuxième partie exposent les modalités de traitement de la schizophrénie. Le fonctionnement actuel du système de soins et les outils disponibles (neuroleptiques, psychothérapie, stimulation magnétique transcrânienne répétitive et remédiation cognitive, en particulier) sont expliqués, ainsi que les nécessaires modalités médicosociales permettant la réinsertion des patients souffrant de schizophrénie. Enfin, des références se rapportant à chaque chapitre sont données à la fin de l'ouvrage.

PREMIÈRE PARTIE

Reconnaître et comprendre la schizophrénie : voyage raisonné au cœur de l'indicible

Introduction de la première partie

Depuis qu'Emil Kraepelin l'a décrite en 1899, et qu'Eugen Bleuler lui a donné son nom en 1911, la schizophrénie a beaucoup fait parler d'elle, et ce dans plusieurs registres. De nombreux livres (et un nombre considérable d'articles scientifiques) ont été écrits sur le sujet. Toutefois, ils sont pour la plupart destinés à des professionnels et n'apportent pas une information concise et accessible à tous. La schizophrénie a fait l'objet de nombreuses recherches scientifiques (citons, chronologiquement, la description de ses symptômes, l'interprétation psychanalytique du sens que ceux-ci prennent quant à l'histoire du sujet, l'étude des mécanismes d'action des médicaments neuroleptiques, etc.).

Par ailleurs, le concept de schizophrénie, ainsi que le mot lui-même ont été vulgarisés. L'adjectif *schizophrénique* désigne ainsi généralement dans le langage courant des situations inextricables ou des personnes particulièrement contradictoires.

Il est utile de s'intéresser à la genèse du concept de schizophrénie et à ce que ce terme recouvre dans le langage médical. Le mot *schizophrénie* a été créé il y a un peu moins d'un siècle par E. Bleuler à partir de deux mots grecs qui signifient *scission* et *esprit*. Cet auteur voulait par là désigner l'un des principaux aspects de la maladie : une anomalie de la cohérence des processus mentaux, qu'ils soient impliqués dans le langage, les émotions, la perception ou les actions. La schizophrénie fait partie des psychoses, qui constituent un ensemble de troubles affectant sévèrement la relation à la réalité, aux autres et à eux-mêmes des patients qui en sont atteints. La schizophrénie se distingue des autres psychoses par une évolution continue (contrairement à la psychose maniaco-dépressive ou trouble bipolaire, dont les accès maniaques peuvent prendre l'allure d'épisodes schizophréniques aigus, mais qui évolue par poussées entrecoupées de périodes libres de tout symptôme) et par la coexistence de plusieurs symptômes (contrairement au trouble délirant ou paranoïa, où le délire s'exprime de manière généralement isolée).

Les patients souffrant de schizophrénie sont confrontés à des expériences particulièrement troublantes : ils peuvent entendre des voix s'adresser à eux de manière blessante, alors même qu'ils sont seuls (ces manifestations sont appelées hallucinations acoustico-verbales) et ils ont aussi, fréquemment, l'impression de perdre le contrôle d'une partie de leurs pensées et de leurs actions, qu'ils vivent parfois comme leur étant imposées de l'extérieur (ce phénomène, souvent associé aux hallucinations verbales, est appelé *syndrome d'influence*).

Ce type de vécu conduit généralement les patients à construire une interprétation délirante de la réalité. Hallucinations et délire constituent ce que l'on appelle les *symptômes positifs* de la schizophrénie. Ils contribuent particulièrement au fait que les patients paraissent souvent avoir un contact étrange aux personnes qui les fréquentent. Dans un autre registre, il arrive qu'ils éprouvent des difficultés à ressentir du plaisir, à entreprendre quelque chose ou même perdent tout désir et manifestent une inactivité plus ou moins complète. Ces manifestations déficitaires sont appelées *symptômes négatifs* de la schizophrénie. Les patients souffrant de schizophrénie peuvent également être amenés à agir de manière peu compréhensible ; leur langage est parfois également très perturbé par l'introduction de néologismes (création de mots dépourvus de sens pour leur entourage), la présence de bizarreries grammaticales, une incapacité à prendre en compte l'interlocuteur, etc. Ce dernier type de manifestations fait partie de la *désorganisation* schizophrénique.

On peut considérer que le tableau clinique d'un patient donné est fait de la combinaison d'éléments appartenant à trois dimensions : positive (délirante et hallucinatoire), négative (déficitaire) et désorganisée. Tous les patients ne présentent néanmoins pas nécessairement des symptômes appartenant à chacune de ces trois catégories principales ; il existe des formes cliniques caractérisées par la prédominance de symptômes appartenant à l'une d'entre elles. Ceci pose le problème de l'unicité de la schizophrénie : s'agit-il d'une seule maladie (et dans ce cas, qu'est-ce qui définit son unité ?) ou du regroupement de plusieurs maladies apparentées ? En effet, aucun symptôme commun à tous les patients répondant au diagnostic de schizophrénie n'a été identifié pour l'instant.

Une approche purement clinique (c'est-à-dire basée sur le seul recueil des symptômes dont souffrent les patients) de la schizophrénie n'apporte donc pas d'élément permettant de caractériser de manière formelle tous les patients désignés par ce diagnostic. En effet, aucun symptôme (c'est-à-dire rien que l'on puisse se contenter de recueillir au cours d'un simple entretien) n'est commun à tous les patients schizophrènes. Le diagnostic de schizophrénie repose donc uniquement sur l'association de plusieurs symptômes entraînant un retentissement sur la vie sociale et professionnelle des patients qui en souffrent. S'il n'existe pas de symptôme unique permettant d'évoquer formellement le diagnostic de schizophrénie, il n'existe pas non plus d'examen, qu'il soit biologique (dosage d'une variable quelconque après réalisation d'une prise de sang) ou radiologique (scanner ou IRM), permettant de mettre en évidence une anomalie physique spécifique de cette maladie, de manière reproductible d'un patient à l'autre. Ceci rend le diagnostic de schizophrénie plus délicat à poser que celui de la plupart des maladies auxquelles la médecine s'intéresse. Prenons, en tant qu'exemple d'une maladie caractérisée par un signe spécifique, le cas d'une anomalie cardiaque qui n'a rien à voir avec la schizophrénie, celui de l'insuffisance mitrale ; il s'agit d'une anomalie de l'un des orifices du cœur, qui se caractérise *toujours* par la présence d'un souffle (audible à l'auscultation, donc accessible au simple examen clinique) quelle que soit sa cause.

La grande hétérogénéité des tableaux cliniques schizophréniques laisse penser que les mécanismes de production des différents symptômes sont multiples. Il paraît difficile de mettre sur le même plan, par exemple, la persécution (impression qu'ont certains patients qu'autrui leur en veut) et l'impossibilité d'initier des actions. Même dans un cadre ayant été circonscrit de manière plus étroite comme la catatonie (qui regroupe certaines manifestations motrices de la schizophrénie), l'agitation et la catalepsie (se caractérisant par le fait que le patient paraît figé, comme une poupée de cire) ne paraissent pas relever des mêmes mécanismes.

Par ailleurs, la gravité des troubles est très variable d'un patient à l'autre et ils peuvent évoluer soit vers une amélioration, soit vers une stabilisation, soit vers une aggravation progressive. Parmi les facteurs permettant d'éviter une évolution péjorative, le traitement (en particulier médicamenteux dit neuroleptique ou antipsychotique) est au premier plan. Il existe probablement des facteurs protecteurs personnels (expliquant pourquoi deux patients traités de la même manière peuvent évoluer très différemment) qui sont mal connus pour l'instant. Ces facteurs peuvent être psychologiques (capacité à trouver des stratégies explicatives rassurantes face à des situations déconcertantes, capacité à faire abstraction de certains phénomènes, etc.), environnementaux (entourage étayant, non culpabilisant ou tolérant), cognitifs (mémoire et attention de bonne qualité, traitement performant des informations en rapport avec les intentions ou les désirs d'autrui) et cérébraux (présence en nombre satisfaisant de connexions entre les neurones et, de manière plus large, entre les aires cérébrales). À l'inverse, ces différents niveaux sont généralement perturbés dans la schizophrénie, comme nous l'évoquerons largement tout au long de cette première partie.

De nombreux travaux ont été consacrés à l'étude des altérations cognitives pouvant sous-tendre les symptômes de la schizophrénie. Pour expliquer les mécanismes en jeu, je m'appuierai en particulier sur les travaux réalisés depuis près de dix ans à l'Institut des sciences cognitives (Unité mixte de recherche du CNRS et de l'université Claude-Bernard, implantée dans une proche banlieue de Lyon). Ceux-ci ont été réalisés par une équipe dynamique, composée en particulier de Nicolas Georgieff, Marc Jeannerod, Chlöé Farrer, Tiziana Zalla, Elena Daprati, Andrés Posada, Pierre Fourneret, Frédérique de Vignemont et moi-même. Cet institut a été construit au sein d'un hôpital psychiatrique, ce qui a permis le développement de cette recherche, grâce à une étroite articulation avec le fonctionnement hospitalier.

Les travaux présentés donnent une vision certes partiale de la schizophrénie, mais ils ont le mérite d'être cohérents et d'éclairer les différentes facettes de cette maladie. Ils ont permis de mettre en évidence aussi bien certaines altérations des processus moteurs ou perceptifs lors de la réalisation d'épreuves sur ordinateur, où les sujets devaient effectuer des tâches dans un contexte standardisé (par exemple reconnaître un stimulus particulier présenté sur un écran ou bien réaliser un mouvement dans des conditions bien précises), que des altérations du fonctionnement cérébral lors de la réalisation d'examens d'imagerie cérébrale au cours desquels les sujets devaient également réaliser des tâches dans des conditions standardisées. Il est maintenant établi que ces altérations jouent un rôle dans le développement des symptômes schizophréniques. Les recherches qui sont poursuivies ont pour but de comprendre comment elles peuvent déclencher les symptômes et quels rapports elles entretiennent entre elles. Il est enfin nécessaire de comprendre non seulement comment s'articulent le niveau clinique et le niveau cognitif (ou niveau du traitement des informations), mais également les anomalies intervenant à ce dernier niveau dans le cadre des altérations de la structure et du fonctionnement du cerveau, mises en évidence chez les schizophrènes.

Chapitre premier

Les premiers symptômes de la maladie

Alice a 20 ans. Jusqu'à présent son existence s'est déroulée sans problème majeur. Elle a toujours été discrète et plutôt isolée. Au lycée, où elle suivait généralement l'avis du groupe, ses camarades de classe la considéraient comme une compagne agréable, secrète et peu contrariante. En famille, elle n'a jamais tenu tête à ses parents, se montre volontiers soumise et fait preuve de peu d'initiatives.
Peu bavarde, elle préfère rester seule et s'adonner à des activités intellectuelles plutôt que physiques (elle passe plusieurs heures par jour sur Internet et devant la télévision). Ses résultats scolaires n'ont jamais été très brillants, mais elle a réussi à intégrer une première année de faculté, qu'elle redouble actuellement. Ses camarades la jugent bizarre et inaccessible et ses propos leur paraissent déconcertants (elle-même n'en a aucune conscience). Ses résultats aux dernières sessions d'examens se sont révélés désastreux et depuis plusieurs mois elle ne s'est même plus

rendue à la faculté, mais a passé son temps à fixer un point sur le plafond de sa chambre.

Depuis quelques semaines, Alice ressent des choses très difficiles à décrire qu'elle n'a encore pu confier à personne. Certaines impressions reviennent régulièrement dans son esprit et la contrarient notablement. Toutefois, elles n'ont pas un contenu clairement formulable. Il ne s'agit d'ailleurs pas de phrases, ni même de mots, mais de sensations, fugaces dans un premier temps et devenues plus nettes secondairement.

Cela a commencé par le sentiment que sa pensée est contrainte, comme si une pression physique s'exerçait sur elle : elle a l'impression que sa tête est un ballon souple sur lequel s'appuie une masse très lourde extérieure à elle. Petit à petit, cette masse a commencé à jouer un rôle sur ce qui se passe à l'intérieur du ballon. En particulier, elle ressent une plus grande acuité dans sa perception du monde, comme si certains événements étaient des aiguilles qui se plantaient littéralement dans sa tête. Par ailleurs, une de ces aiguilles revient régulièrement au même emplacement, en injectant l'idée délétère d'une révélation prochaine. Au total, il lui semble qu'une force cherche à prendre le contrôle de ses pensées.

Ces impressions l'ont conduite à formuler des hypothèses sur leur origine. Elle s'est d'abord demandé si une nouvelle expérience militaire permettant de transmettre des ordres à distance n'avait pas eu des effets sur elle. Puis, elle a éliminé cette éventualité en constatant qu'elle était la seule à bénéficier de ces phénomènes. Elle en a conclu qu'elle devait occuper une place centrale dans le monde et a pensé que cette position la conduisait à recevoir des messages expliquant le sens des choses. Alice est maintenant convaincue qu'elle est l'Élue et qu'elle doit remplir une mission : établir un ordre mondial nouveau sous son égide.

D'abord réservée quant à tout cela, elle se montre de plus en plus loquace et aborde les passants dans la rue pour leur demander de la suivre dans les démarches qu'elle va exercer à l'égard du gouvernement. La surprise et l'incrédulité qu'elle suscite par ses propos ont tendance à l'irriter fortement et à renforcer ses convictions. Elle a échafaudé tout un plan d'action consistant à investir brutalement un commissariat de police où elle pense qu'un allié est retenu prisonnier et elle en a fait part à ses parents. Ces derniers sont paniqués et ne savent comment réagir. Ils en ont parlé à des amis qui ne savent pas plus qu'eux quoi faire. Ils en étaient ainsi réduits à observer la suite des événements jusqu'à ce qu'un de leurs voisins leur conseille d'emmener leur fille voir un psychiatre à l'hôpital.

Les facteurs pouvant déclencher un épisode psychotique

Alice présente ce que l'on appelle un premier épisode psychotique ou bouffée délirante aiguë. Le terme psychotique caractérise l'importante perturbation des liens de la patiente à autrui et au monde extérieur. Son sens de la réalité est altéré, c'est-à-dire qu'elle ne se sent plus en harmonie avec les connaissances et les croyances adoptées par le groupe social auquel elle appartient ; de plus, sa perception de son environnement et d'elle-même est modifiée. On appelle *épisode psychotique* une période durant laquelle un individu se met à fonctionner selon de telles modalités. Un tel épisode peut, dans certains cas, rester isolé ; dans d'autres cas, il marque soit le début d'un trouble bipolaire (dans lequel des hallucinations peuvent être observées, bien que ce ne soit pas systématique), soit l'entrée dans une schizophrénie, c'est-à-dire dans une maladie évoluant de manière continue et prolongée. Le trouble bipolaire est une maladie qui, contrairement à la schizophrénie, évolue par accès. Son diagnostic est posé, en particulier, par l'évolution : après quelques semaines de traitement, les symptômes disparaissent le plus souvent complètement ; le risque est l'apparition ultérieure de nouveaux épisodes du même type ou, au contraire, des épisodes associant tristesse et ralentissement.

Les facteurs qui peuvent laisser penser qu'un épisode psychotique restera isolé sont l'existence d'un facteur déclenchant (prise de drogue, événement traumatisant, etc.), l'absence de difficulté antérieure et la disparition rapide des symptômes sous traitement. La schizophrénie peut débuter par un épisode simple, mais se reproduisant de la même façon à plusieurs reprises. Cela explique la nécessité d'un traitement et d'un suivi par un psychiatre pendant au moins deux ans à la suite d'un épisode psychotique.

Le rôle de certaines drogues dans le déclenchement des épisodes psychotiques est fortement suspecté. La prise de cannabis pourrait en particulier révéler une schizophrénie. Cette notion est importante car elle met en évidence la toxicité de cette drogue actuellement très consommée en France, en particulier par les patients schizophrènes. Par ailleurs, deux substances sont utilisées par les schizophrènes en tant que stimulants : la nicotine et la caféine. Le tabac est consommé de manière massive (avec tous les risques en termes de cancer et de maladies cardio-vasculaires que cela comporte, sans compter les insuffisances respiratoires souvent très marquées chez ces grands fumeurs) pour lutter contre les déficits de concentration et de mémoire, alors que le café l'est surtout pour favoriser l'éveil et combattre les effets des médicaments (un compromis avec le médecin en termes de doses vaut mieux que la consommation abusive de café, dont les effets toxiques peuvent alors s'exercer sur le cœur et le cerveau). L'hygiène de vie est un enjeu majeur dans la prise en charge de la schizophrénie, encore trop souvent associée à un suivi médical insuffisant et à des décès précoces.

D'autres facteurs, tels qu'un environnement stressant (difficultés professionnelles, relationnelles, etc.), peuvent jouer un rôle déclenchant. Classiquement, la maladie débute à l'adolescence ou chez l'adulte jeune, période où différentes décisions (future profession, choix du partenaire, séparation d'avec les parents, etc.) sont à prendre, ce qui inflige une certaine pression à un sujet dont toutes les ressources n'ont pas été sollicitées jusque-là, faute d'avoir eu encore à affirmer de tels choix.

Quel est le vécu du début de la schizophrénie ?

Dans le cas d'Alice, exposé plus haut, l'importance du tableau, mais aussi l'existence de difficultés antérieures caractéristiques (bizarreries, incapacité à nouer des liens avec autrui) font d'emblée évoquer la schizophrénie plutôt qu'un épisode isolé ou un trouble bipolaire. On y relève une caractéristique fréquente de la schizophrénie débutante : l'apparition de modifications, parfois subtiles mais toujours intenses et durables, de la relation au monde ou à son propre corps. Ce vécu peut, d'une part, amener à percevoir son environnement ou son corps comme différents de ce qu'ils étaient antérieurement et, d'autre part, faire acquérir progressivement l'impression que certaines choses ont un sens, même lorsqu'elles sont la conséquence d'associations purement fortuites. En effet, des convictions délirantes peuvent se construire, afin de fournir une explication cohérente lorsque l'on se trouve face à des expériences essentiellement indicibles. Alice a suivi cette évolution exemplaire. Dans un premier temps, des sensations complexes et bizarres sont apparues au niveau de sa tête. Par la suite, elle a construit progressivement un système explicatif délirant : puisqu'elle recevait des informations de l'extérieur, celles-ci ne pouvaient pas lui parvenir par hasard ; elle en a donc successivement tiré la conclusion que quelqu'un lui destinait ces signaux, puis qu'elle était dotée d'un pouvoir exceptionnel dont elle devait faire bénéficier le monde.

La schizophrénie peut débuter de manière spectaculaire, lorsque des impressions du type de celles qui ont été décrites dans le cas d'Alice conduisent à des modifications comportementales notables d'apparition brutale. En effet, certains patients, se sentant investis d'une mission ou persécutés par les autres, sont amenés à commettre des actions incongrues (fuites pathologiques avec évitement de tout contact pour se soustraire à un danger imaginaire, propos virulents tenus à l'égard de personnes n'ayant aucune intention particulière à leur égard mais néanmoins considérées par eux comme menaçantes, etc.). Dans certains cas, les modifications du vécu ne conduisent pas à une expression verbale ou comportementale, les patients gardant pour eux ce qu'ils ressentent, pas nécessairement du fait d'une moindre souffrance, mais à cause de difficultés à communiquer, que nous envisagerons dans le chapitre sur le déficit. Ceci peut rendre moins aisé le diagnostic et retarder le traitement, qui reste toutefois, bien entendu, tout aussi nécessaire.

Modes d'entrée dans la schizophrénie

Deux modes d'entrée dans la schizophrénie ont été décrits : un premier brutal et un second plus progressif. Examinons brièvement les caractéristiques qui vont révéler les difficultés du patient à son entourage dans ces deux conditions.

Lorsque la maladie débute brutalement, s'installe rapidement, une modification du comportement (agitation, fugue, parfois agressivité), du discours (délire, langage peu compréhensible, excès ou défaut de communication par la parole) ou des émotions (tristesse ou, au contraire, sensation de bien-être inadaptées). Pour que le diagnostic de schizophrénie soit envisagé, il faut que cette modification adopte certaines caractéristiques et en particulier une inadéquation à la réalité – c'est-à-dire à ce qu'admet l'entourage du malade et la société – et que, de plus, les difficultés du patient se prolongent au moins plusieurs semaines.

Lorsque la schizophrénie débute progressivement, des modifications de l'activité du patient (diminution des performances scolaires, universitaires ou professionnelles ou encore adhésion à des croyances bizarres, ésotériques, pouvant éventuellement amener le patient à subir l'influence d'un gourou) s'instaurent lentement et n'aboutissent pas aux éclats caractérisant la forme précédente. Dans certaines de ces formes d'apparition progressive, la progressivité de l'évolution permet au patient de s'habituer à ses expériences et de construire son propre système explicatif, alors que, dans les formes d'apparition brutale, le patient se trouve débordé par un ressenti à la fois indicible et ingérable. Dans d'autres formes d'apparition progressive, les patients sont envahis par une expérience de l'ordre de l'inertie, qui les contraint à limiter leur activité plutôt qu'à vivre une angoisse insupportable. Ces expériences seront abordées dans le chapitre sur les symptômes négatifs. Au total, selon la prépondérance des symptômes positifs ou négatifs, on peut opposer des formes de début « positives » (tel le cas d'Alice) et des formes de début « négatives » (la maladie commençant progressivement et s'installant d'emblée selon ce qui sera décrit dans le chapitre sur les symptômes négatifs).

Les trois dimensions de la schizophrénie (positive, négative et désorganisation)

Les manifestations visibles de la schizophrénie s'appellent en effet des symptômes (ce terme recouvrant toutes les modalités selon lesquelles une maladie, quelle qu'elle soit, s'exprime) qui ont été séparés tout d'abord en deux, puis en trois catégories principales. On distingue ainsi actuellement des symptômes positifs, des symptômes négatifs et des symptômes de désorganisation, chacun d'entre eux faisant l'objet d'un chapitre spécifique. L'utilisation des termes positifs et négatifs pour désigner des symptômes psychiatriques ou neurologiques a été proposée par John Huglings Jackson au XIXe siècle. Par la suite, Tim Crow et Nancy C. Andreasen, deux auteurs ayant consacré leur carrière à l'étude de la schizophrénie, ont repris cette terminologie au début des années 1980.

Les principaux symptômes positifs sont les idées délirantes et les hallucinations (parmi elles, on retiendra en particulier une manifestation que les patients appellent leurs *voix*, symptôme que l'on désigne d'un point de vue médical par l'expression *hallucinations ver-*

bales). Les principaux symptômes négatifs sont l'incapacité de planifier ou d'entreprendre des actions (les patients sont parfois incapables d'envisager ou de réaliser une action quelconque), ainsi que l'incapacité de ressentir certaines émotions ou de partager celles d'autrui. Enfin la désorganisation, qui peut prendre des caractéristiques positives ou négatives selon ce qui vient d'être décrit, désigne la perte de la cohérence de la pensée et du comportement des patients.

Chaque ensemble de symptômes est appelé dimension symptomatique ou syndrome (voir tableau 1). Les symptômes d'une même dimension sont fréquemment associés et pourraient partager les mêmes mécanismes causaux. La schizophrénie d'un patient donné s'exprime donc par la présence plus ou moins importante de telle et telle dimension (au moins deux généralement pour poser le diagnostic, sauf si le délire et les hallucinations prennent des caractéristiques qui sont évoquées plus bas). Il est en tout cas clair que chaque patient schizophrène présente toujours plusieurs symptômes à la fois, cette coexistence de symptômes étant d'ailleurs indispensable pour poser le diagnostic de schizophrénie selon les classifications internationales des maladies mentales en vigueur, telles que la section psychiatrique de la CIM-X (publiée par l'Organisation mondiale de la santé) ou le DSM-IV (publié par l'American Psychiatric Association). Ces classifications n'ont aucune valeur absolue. Elles ont été conçues devant la difficulté à poser un diagnostic (de grandes disparités avaient en effet été constatées d'un pays à l'autre). Elles sont donc destinées, d'une part, à aider le psychiatre et, d'autre part, à permettre à tous les intervenants mobilisés par le malade de parler le même langage. La plus couramment utilisée, le DSM-IV, requiert l'existence de deux au moins des cinq manifestations suivantes (qui seront expliquées plus loin) pour diagnostiquer une schizophrénie : idées délirantes, hallucinations, discours désorganisé, comportement grossièrement désorganisé ou catatonique et symptômes négatifs (des idées délirantes bizarres ou des hallucinations verbales en deuxième ou en troisième personne permettant seules de poser le diagnostic). De plus, selon cette classification, il faut que les performances sociales et professionnelles du patient soient diminuées, que ses troubles aient duré au moins six mois, et qu'elles ne soient la conséquence ni d'une maladie affectant le corps du patient ni de la prise d'une drogue ou d'un médicament agissant sur le cerveau.

Tableau 1. Les trois principales dimensions symptomatiques de la schizophrénie

Dimension	Description
Positive	Modification du vécu (perturbation de la relation à l'environnement et à son propre corps – hallucinations et délire)
Négative	Incapacité à agir ou éprouver
Désorganisation	Incapacité à construire son comportement et son discours selon un plan structuré

Il est important de savoir qu'aucun symptôme ne suffit à lui seul à affirmer le diagnostic de schizophrénie. Les classifications qui viennent d'être mentionnées prennent en compte cette constatation puisque, selon elles, d'autres caractéristiques que les symptômes sont nécessaires pour pouvoir parler avec certitude d'une schizophrénie. Ce principe se justifie par le fait que tous les symptômes dont il est question dans ce livre peuvent être causés par d'autres troubles que la schizophrénie. Rarement, il s'agira de maladies neurologiques, neurodégénératives ou de troubles du métabolisme (le contexte familial et une résistance au traitement permettront d'évoquer le diagnostic). Plus fréquemment, il s'agira d'un trouble bipolaire prenant des caractéristiques délirantes et mimant un début de schizophrénie. Le diagnostic est d'autant plus complexe qu'il existe des formes intermédiaires entre la schizophrénie et le trouble bipolaire. Toutefois, s'il est possible de confondre les deux maladies face à un épisode aigu (c'est-à-dire lorsque le patient est en crise), leur évolution est nettement différente : alors que la schizophrénie évolue de manière continue, le trouble bipolaire évolue par accès entre lesquels le patient ne présente très souvent pas la moindre difficulté.

Revenons sur la production des symptômes dans la schizophrénie. Ceux-ci consistent en particulier en une modification du vécu du patient (chaque dimension étant liée à un vécu différent). Comment, par exemple, comprendre le fait que les patients interprètent de manière erronée certains événements ? L'explication de cette anomalie, comme celle de tous les symptômes de la schizophrénie, peut se faire à plusieurs niveaux. Nous en considérerons essentiellement deux au sein de ce livre : celui de la transmission chimique des informations entre neurones et celui du traitement, par des ensembles neuronaux, des informations en provenance du monde extérieur. Ces deux niveaux de fonctionnement sont probablement liés de manière très complexe. Peu d'arguments permettent actuellement de savoir comment faire des liens solides entre eux et nous sommes donc réduits à les considérer séparément. Le développement de modèles intégratifs (c'est-à-dire des modèles définissant les liens entre le niveau chimique et le niveau du traitement de l'information) devrait permettre une compréhension globale des mécanismes d'apparition des symptômes chez les patients schizophrènes. Ceci nécessitera un important travail de modélisation. Avant d'en arriver à la construction d'un modèle d'une telle complexité, il faudra définir un modèle du fonctionnement cognitif, en partant des données obtenues en neuro-imagerie fonctionnelle. La neuro-imagerie fonctionnelle permet d'étudier, dans un cadre de recherche, le fonctionnement du cerveau en mettant en évidence les aires qui sont actives lors d'une tâche donnée ou en rapport avec un symptôme donné. Les méthodes utilisées sont l'imagerie par résonance magnétique fonctionnelle (ou IRMf) et la tomographie par émission de positons (ou PET scan). Elles permettent toutes deux, quoique reposant sur des principes totalement différents, d'établir des cartes de répartition du sang dans le cerveau dont on tire des cartes d'activité du cerveau ; en effet, plus une aire est active, plus elle requiert un afflux de sang important. Grâce à ces outils, on peut comparer par exemple de quelle manière un patient et un sujet sain traitent une situation sociale donnée (voir un visage en train de les regarder). Les résultats donnent de précieuses informations sur la manière dont le fonctionnement du cerveau est impliqué dans la maladie et plus précisément dans les aspects relationnels de la maladie. Plus précisément, on peut avec les méthodes de neuroimagerie fonctionnelle déterminer l'influence qu'exerce chacune de ces aires sur les autres.

Quels sont les facteurs prédictifs de la schizophrénie ?

Examinons maintenant les facteurs permettant de prédire une entrée ultérieure dans la schizophrénie. Certains types de personnalité pourraient évoluer plus volontiers vers une schizophrénie. On appelle personnalité un ensemble de caractéristiques stables définissant la manière dont une personne interagit avec son environnement. Les personnalités ayant un lien avec la schizophrénie se caractérisent soit par une tendance à la solitude volontaire (comme dans le cas d'Alice), soit par une tendance à ressentir l'environnement comme pouvant exercer une influence sur soi (sensation de pouvoir communiquer par télépathie, impression d'entendre des voix qui s'adressent à soi, impression de pouvoir lire des messages dans le monde environnant). Lorsqu'elles sont observées chez un adolescent, les caractéristiques de cette personnalité, dans laquelle existe une influence de l'environnement, signifient qu'il existe un risque (mais non une certitude) d'évolution vers la schizophrénie. Toutefois, certaines personnes présentent ces personnalités de manière tout à fait stable et ne deviennent jamais schizophrènes.

La question de savoir quels facteurs peuvent faire entrer dans la schizophrénie un sujet ayant une telle personnalité n'est donc pas résolue. Elle est d'importance, car le fait d'être en mesure de dépister une vulnérabilité à la schizophrénie pourrait – dans l'absolu – justifier l'instauration d'une prévention. Or nous ne savons pas encore exactement quels facteurs précipitent l'évolution et quels facteurs protègent les sujets. Les facteurs précipitants actuellement reconnus comme jouant un rôle ne sont pas spécifiques. Il s'agit du cannabis (dont le caractère délétère a été évoqué plus haut, mais dont les rapports directs avec la schizophrénie ne sont pas encore élucidés) et différents facteurs de stress (tout événement de vie : deuil, séparation, entrée dans l'âge adulte, etc.). Ces derniers ne favorisent l'entrée dans la schizophrénie que de personnes qui présentent une fragilité en ce domaine ; chez des personnes ayant un autre type de fragilité, ils favoriseront l'apparition d'un autre trouble mental (anxiété chez une personne anxieuse, dépression chez une personne dépressive, etc.). Prenons l'exemple d'un deuil multiple survenu dans une famille dont certains membres sont schizophrènes et d'autres non : chez les premiers, ces deuils (trois en quelques mois) ont provoqué des rechutes délirantes, alors que chez les seconds ils ont entraîné une importante souffrance liée à la perte d'un proche et un sentiment d'insécurité et de non-permanence de l'existence, mais pas de délire.

À côté de ces personnalités, on retrouve fréquemment dans l'histoire des schizophrènes des signes précédant l'entrée dans la maladie. Ces signes peuvent être retrouvés (mais ils ne le sont pas systématiquement) chez certains enfants qui deviendront ultérieurement schizophrènes. Il est important de noter d'emblée que ces signes n'ont aucune spécificité. En fait, ils sont simplement plus fréquents chez les futurs schizophrènes que dans la population générale, mais leur présence chez un enfant ne permet nullement de prévoir une évolution ultérieure vers la schizophrénie. Il peut s'agir d'un retard des apprentissages (de la marche, du langage, etc.) ou encore d'une tendance à être maladroit. Cette maladresse persiste généralement chez les patients schizophrènes et fait partie de ce que l'on appelle les signes neurologiques mineurs (difficultés à coordonner ses mouvements, démarche légèrement anormale, tics ou autres mouvements anormaux, troubles de la sensibilité cutanée fine, anomalie dans la perception de la position des membres), qui touchent jusqu'à 30 % des patients.

Globalement, les futurs schizophrènes ont donc plus fréquemment que les autres enfants des anomalies du développement moteur et intellectuel. Par ailleurs, l'étude des films familiaux montre que, durant leurs deux premières années, les futurs schizophrènes sont plus réservés, expriment moins d'émotions positives et ont moins de contacts oculaires avec les autres. Leurs performances scolaires sont également moins bonnes que celles des autres enfants. D'un autre côté, de nombreux enfants amenés à développer ultérieurement une schizophrénie ont présenté un haut niveau de fonctionnement aussi bien du point de vue relationnel que scolaire ou dans le domaine des loisirs. On peut donc seulement conclure qu'une partie des schizophrènes va avoir un fonctionnement légèrement altéré pendant les années précédant le début avéré de la maladie, mais que cette caractéristique ne peut permettre d'identifier la maladie puisque rien de spécifique n'est observé. Ces signes apportent toutefois des arguments en faveur d'une participation organique à l'origine de la schizophrénie, c'est-à-dire d'une atteinte de la structure du cerveau, puisque des fonctions aussi élémentaires que la motricité et la perception sont altérées dans leurs compétences les plus élémentaires. Ils ne représentent nullement un signe de gravité et sont d'un tout autre registre que ce qui fait souffrir les patients (et justifie leur traitement). Il faut donc leur accorder une importance très relative d'un point de vue individuel, mais considérer qu'ils nous aident à comprendre l'origine de la maladie lorsque l'on considère les patients dans leur ensemble.

Quels symptômes précèdent le début de la maladie ?

La transition entre la période précédant la maladie et la phase de maladie proprement dite peut se faire soit brutalement, soit progressivement, comme cela a été évoqué plus haut. Lorsque la transition est progressive, les premières manifestations spécifiques peuvent être précédées d'un vécu douloureux non spécifique. Celui-ci peut se caractériser par la présence d'une anxiété, d'une tristesse, d'une perte d'énergie, d'une méfiance ou encore d'autres difficultés similaires à celles pouvant atteindre n'importe lequel d'entre nous. Elles pourraient être observées plusieurs années avant l'apparition des signes spécifiques, si l'on y prêtait attention et si l'on pouvait faire la différence. Toutefois, en général, elles ne sont pas remarquées sur le moment et il faut interroger la famille du malade après le début de ses troubles pour que les souvenirs concernant ce point reviennent ; ceci n'a rien de surprenant car, sur le moment, ces manifestations n'ont pas de conséquences notablement sévères et ne sont pas non plus réellement durables ; elles n'ont donc, de ce fait, aucune raison particulière d'entraîner l'inquiétude de l'entourage.

Par ailleurs, il est important d'ajouter que, entre le début des symptômes classiques de l'entrée dans la maladie et la première hospitalisation en psychiatrie, il s'écoule en moyenne un an et demi. Cela signifie que, pendant plusieurs années (durée des manifestations non spécifiques, évoquées au paragraphe précédent), une souffrance au départ indicible est présente, qu'elle se précise petit à petit, mais qu'elle ne devient suffisamment visible pour nécessiter des soins que très tardivement par rapport aux premières manifestations. Un enjeu majeur est donc de pouvoir établir très tôt le diagnostic : au moins dès que les symptômes spécifiques sont présents, voire plus tôt si cela était possible.

Toutefois, pour être en mesure d'établir le diagnostic très tôt, il faudrait disposer d'un test permettant d'établir avec un niveau de certitude suffisant qu'une personne donnée va entrer dans cette maladie. Or ce type de test n'existe pas encore et sa découverte représente d'ailleurs un des grands défis de la recherche dans le domaine de la schizophrénie. Il est important que le diagnostic de schizophrénie puisse être posé le plus tôt possible, car le fait de laisser évoluer les troubles constitue un risque à plusieurs titres : tout d'abord, au niveau clinique, les idées délirantes ont tendance à se consolider avec le temps et deviennent, de ce fait, moins accessibles au traitement ; de plus, au niveau du cerveau, il est possible qu'une transmission excessive d'informations entre neurones (impliquant la dopamine et le glutamate) puisse entraîner progressivement des destructions locales de neurones. Par ailleurs, au niveau relationnel, les difficultés des patients ne font que s'aggraver au fil de la maladie et il est fréquent que ce qui a été perdu dans ce domaine ne soit pas récupérable ; enfin, au niveau comportemental, le risque de passage à l'acte violent (en particulier contre soi-même, le taux de suicide étant très élevé chez les schizophrènes) est d'autant plus important que la durée d'évolution non traitée est elle-même importante.

Ces différents facteurs incitent donc fortement à l'instauration d'une prise en charge précoce, visant à limiter chacun de ces risques. Une meilleure information sur la maladie contribuant à une identification plus aisée des troubles, il est important de communiquer de manière très générale à ce sujet afin d'augmenter le niveau de connaissance sur la schizophrénie, aussi bien des professionnels que du grand public. S'il n'est certes probablement pas possible d'empêcher à l'heure actuelle l'entrée dans une schizophrénie, il est au moins indispensable d'initier une prise en charge la plus précoce possible.

Chapitre 2

Les symptômes positifs : les hallucinations et le délire

Bernard est un jeune homme de 24 ans, vivant chez ses parents. Il n'a jamais été en mesure d'exercer une activité suivie – qu'elle soit professionnelle ou autre – plus de quelques jours de suite.

Bernard n'a pas de relation amicale et se montre souvent agressif à l'égard de son entourage familial. Ses difficultés ont commencé vers 18 ans et, depuis cet âge, il fait des séjours fréquents et prolongés à l'hôpital, où ses parents l'adressent quand son comportement devient inacceptable (menaces, objets brisés, errance, discours incompréhensible ou totalement hors de propos et souvent hostile). Il se dit président de la Tunisie (pays dont ses parents sont originaires), chef des services secrets américains, commissaire de police en France, marié et père de quatre enfants (or il n'a ni enfant ni petite amie). Par ailleurs, il est convaincu que sa mère est en réalité sa jeune sœur et qu'il a 74 ans.

Le discours de Bernard tourne presque uniquement autour de la proclamation de ses fonctions, du récit de ses succès et des revendications concernant son retour dans ses prérogatives privées et professionnelles (possession d'une maison qu'il souhaite retrouver, ainsi que son emploi). Il n'a jamais pu avouer jusqu'à ce jour qu'il entend des voix lui assenant presque constamment des insultes et il a très difficilement confié la capacité qu'il pense avoir de lire les pensées d'autrui. Il se sent en effet doté de l'aptitude à percevoir directement les intentions et le discours intérieur de certaines personnes en face desquelles il se trouve. Ceci a pour conséquence de lui permettre de déterminer si ces personnes lui sont favorables ou non. Cette lecture des pensées d'autrui se fait malgré lui et il est incapable d'exercer le moindre contrôle sur elle. À l'inverse, il ressent aussi l'impression que les autres peuvent lire ses pensées ; toutefois, il ne s'en plaint pas car il est persuadé de n'avoir que de bonnes intentions et il ne voit donc aucune raison de craindre les investigations d'autrui dans son esprit.

Il ne comprend nullement les raisons de ses multiples séjours à l'hôpital car il ne se sent pas malade et vit comme une contrainte injuste le fait d'y être ramené. Ceci renforce son sentiment que le monde est à la fois mystérieux et bizarrement hostile. Il en résulte un malaise constant dont il ne peut rien extraire de constructif car ses convictions lui paraissent totalement fondées et indiscutables. Toute parole d'autrui s'opposant à ce qu'il croit lui apparaît ainsi comme blessante, voire insultante. Son existence est de ce fait essentiellement malheureuse car il se sent non seulement incompris, mais surtout agressé par les autres.

Ces derniers temps, Bernard s'est montré de plus en plus irritable et ses parents n'ont pu que le conduire de nouveau au service d'urgence de l'hôpital.

Que sont les symptômes positifs ?

Les symptômes positifs de la schizophrénie (voir tableau 2), dont les principaux sont les hallucinations et le délire, représentent l'expression la plus manifeste de cette maladie. Ils conduisent couramment les patients à se comporter de manière inadaptée. Ils ont longtemps été considérés comme spécifiques lorsqu'ils prennent certaines caractéristiques. On sait maintenant qu'ils peuvent exister en dehors de la

Tableau 2. Les principaux symptômes positifs de la schizophrénie

Symptôme	Description
Hallucinations verbales	Audition de voix alors que personne ne s'exprime
Hallucinations cinesthésiques	Sensations corporelles profondes sans support organique
Syndrome d'influence	Sensation de contrôle de ses actions par une force extérieure
Pensées imposées	Pensées placées dans sa tête par une force extérieure
Diffusion de la pensée	Impression que les autres lisent les pensées
Vol de la pensée	Impression que les autres dérobent des pensées
Idées délirantes	Convictions non fondées sur des faits réels

schizophrénie et qu'il faut donc, avant de retenir ce diagnostic, éliminer une autre maladie psychiatrique, comme le trouble bipolaire ou un délire non schizophrénique, une origine médicale générale ou une lésion cérébrale en pratiquant un bilan sanguin et un examen de neuro-imagerie (par exemple un scanner ou une IRM).

Les hallucinations

Les hallucinations, ainsi que les autres modifications du vécu (dont certaines sont présentes dans la description du cas de Bernard), représentent souvent le socle sur lequel s'érige le délire. Les thèmes de celui-ci sont généralement alimentés par le contenu des hallucinations, lorsque celles-ci sont verbales, ou par une tentative d'explication de sensations *a priori* indicibles. Chez Bernard, par exemple, le fait que les autres puissent lire ses pensées a probablement un rôle dans la persécution qu'il ressent car, même s'il déclare qu'il n'a rien à cacher car ses intentions ne sont que bonnes, il n'en reste pas moins que subir ce type d'intrusion représente une atteinte de son intimité psychique fort difficile à supporter.

On appelle hallucination la perception de quelque chose qui n'existe pas. Cette perception a généralement un caractère sensoriel très prononcé (les personnes qui en souffrent peuvent décrire non seulement les paroles qu'ils entendent, mais le timbre des voix qui les prononcent et l'endroit d'où elles proviennent), conduisant à la conviction de son caractère réel. En général, il s'agit d'entendre des phrases (parfois de simples sons ou mots) qui ne sont pas prononcées : la personne pense que l'on parle à côté d'elle, alors qu'en réalité personne ne s'exprime. Moins fréquemment, il s'agit de ressentir quelque chose à l'intérieur de son corps (de la chaleur, voire une pénétration sexuelle) ou de sentir des odeurs qui n'existent pas. Très rarement, les schizophrènes peuvent voir des personnages qui ne sont pas avec eux et qui peuvent leur parler.

Les hallucinations verbales ou « voix » touchent, à un moment ou à un autre de leur évolution, la plupart des personnes souffrant de schizophrénie ; toutefois, leur existence est souvent confiée avec circonspection ou tardivement, comme l'illustre le cas de Bernard présenté plus haut. Lorsque les patients veulent bien parler de leurs voix, on se rend compte qu'elles prennent un caractère indiscutable de réalité. Les schizophrènes sont ainsi capables de décrire le nombre des voix, leur timbre, leur localisation dans l'espace et, bien entendu, ils peuvent rapporter le contenu de ce qu'ils entendent (sauf dans certains cas où les voix n'ont pas de caractère sensoriel et communiquent leur message directement à leur pensée).

La plupart du temps, ces voix sont désagréables, voire hostiles. Elles critiquent ou donnent des ordres aux personnes qui les entendent et celles-ci ne sont pas toujours en mesure de leur résister (le fait qu'elles soient contraintes de leur obéir est un critère de gravité car les voix peuvent les pousser à commettre des actes dangereux pour elles ou pour autrui). Le plus souvent, il s'agit d'insultes ou de commentaires acerbes qui sont soit adressés directement (à la deuxième personne du singulier en général : « Tu es vraiment nul »), soit concernent la personne mais ne lui sont pas directement adressés (à la troisième personne du singulier : « Il est toujours aussi nul »). Ces caractéristiques sont très générales et correspondent au vécu de la plupart des personnes souffrant de schizophrénie (on voit toutefois – quoique rarement – des hallucinations schizophréniques « positives », encourageant les malades dans leurs actions). Pour Henri Ey le contenu des hallucinations se résumait à la « trilogie du mépris, de l'injure et de la calomnie » ; cette formule, quoique ancienne, garde toute son actualité. Les hallucinations peuvent être extrêmement envahissantes et se manifester plusieurs fois par heure, voire presque constamment. Dans d'autres cas, elles sont plus espacées et, de ce fait, plus supportables.

Certains patients schizophrènes arrivent à l'usage à distinguer ce phénomène de l'audition réelle de langage et à prendre ainsi une certaine distance par rapport à lui. Toutefois, même dans ce cas, les voix restent une sorte de compagnon du quotidien, imposé et fort désagréable. D'autres parviennent à mettre en évidence certaines attitudes ou certains comportements les aidant à limiter la présence des voix : écouter de la musique, parler à d'autres, se concentrer sur une idée particulière, jouer à un jeu de société, etc. Aucune de ces techniques n'est systématiquement efficace ; chaque personne doit donc trouver le moyen le plus approprié pour se protéger. Il faut parfois des années pour qu'un sujet souffrant d'hallucinations verbales découvre par lui-même de telles possibilités et il n'est donc pas inutile de les lui mentionner afin de limiter un phénomène généralement très pénible pour lui car responsable d'une intrusion incontrôlable.

Certaines personnes souffrant de schizophrénie sont amenées à répondre à leurs voix et l'on peut ainsi les entendre parler à un interlocuteur imaginaire. D'autres vont chercher l'auteur de ces paroles dans les personnes qui sont autour d'elles et elles vont pouvoir se montrer agressives à leur encontre : elles vont les insulter, voire chercher réparation en se battant. Un jeune patient qui entendait souvent des insultes lorsqu'il prenait le bus s'est ainsi, à plusieurs reprises, montré agressif avec des chauffeurs dont il pensait qu'ils s'étaient adressés à lui de cette manière. Ce type de réaction est plutôt rare ; les schizophrènes vivent pour la plupart ces expériences comme quelque chose de très personnel et ils sont amenés à endurer leurs difficultés de manière solitaire, l'autre étant seulement témoin de certaines bizarreries (tendance à regarder de manière répétée certains endroits où il ne semble rien y avoir d'intéressant, utilisation de coton pour se boucher les oreilles, soliloques, usage intensif d'un walkman destiné à couvrir les voix, etc.).

Une jeune femme entendait, par exemple, presque constamment des voix l'enjoignant de se changer, de faire sa toilette ou un brushing afin de rester dans la « Star'Ac ». Si elle n'obtempérait pas, les menaces se faisaient plus précises à l'encontre de ses proches et elle ne pouvait que céder aux ordres qu'elle recevait. De ce fait, elle se changeait au minimum dix fois par jour, faisait autant de brushings et prenait autant de douches, y compris la nuit. Ses voix émanaient, à son sens, de la télévision (elle évitait ainsi toute pièce où se trouvait un poste de télévision) ou de son sèche-cheveux (qu'il lui arrivait de menacer ou de casser en réponse aux paroles qu'elle lui attribuait). Son environnement (les autres résidents d'un foyer thérapeutique) s'est progressivement habitué à ses cris et aux particularités de son comportement (par exemple au fait qu'elle doive la plupart du temps rester debout, les voix lui interdisant de s'asseoir). Après quelques années, elle a réussi à évoquer ce phénomène dont elle a longtemps nié l'existence à ceux qui lui en parlaient (car il lui semblait en quelque sorte indécent d'en parler et, d'autre part, ses voix lui interdisaient de le faire). Elle a donc réussi à vaincre cet interdit et a pu entendre les conseils des thérapeutes qui s'occupent d'elle et recommencer à avoir des activités (sorties, visites à sa famille dans des conditions sereines, repas pris en commun, jeux de société) ayant un rôle très bénéfique sur ces manifestations. D'un enfer, sa vie est ainsi devenue soutenable, malgré l'absence de disparition de ses voix : le fait de pouvoir limiter leur apparition lui a simplement donné un certain pouvoir sur elles et lui a redonné confiance ; elle a ainsi organisé son existence avec la présence de cette particularité qui n'a plus, de ce jour, représenté de menace particulière pour elle puisqu'elle était capable d'en circonscrire l'influence.

D'autres symptômes sont apparentés aux hallucinations verbales. Il s'agit de toutes les sensations en rapport avec une perte des frontières entre les pensées et la volonté du sujet et celles d'autrui. Dans certains cas, les personnes ont l'impression que des pensées ont été insérées dans leur esprit, qu'on lit leurs pensées, qu'on les leur vole, que leurs pensées sont connues de tous, ou encore qu'une force extérieure a pris le contrôle de leurs pensées, de leurs actions ou de leurs émotions. Bernard a l'impression que les autres peuvent lire ses pensées et, par ailleurs, il pense également pouvoir lire celles d'autrui. C'est là l'inverse de la lecture de la pensée, fréquemment rapportée par les personnes souffrant de schizophrénie qui se plaignent que les autres accèdent à leurs contenus de pensée, piochent dans leurs idées, pratiquent la télépathie ou toute autre forme de transmission de pensée (pour éviter de passer à côté de ce phénomène, il est important de trouver les mots qui vont parler à un patient donné, une formule apparemment approchante pouvant ne rien signifier pour lui).

L'ensemble formé par ces symptômes et les hallucinations verbales possède une caractéristique commune : le fait que les patients n'ont plus la possibilité de repérer qui d'eux ou d'autrui est à l'origine de telle ou telle action ou de telle ou telle pensée. Toutes ces manifestations pourraient être expliquées par un trouble de la capacité à attribuer les actions à soi ou à autrui. Ce trouble conduirait les schizophrènes à un vécu où autrui peut prendre le contrôle d'une partie d'eux ou, à l'inverse, où ils prendraient le contrôle d'autrui. Ce vécu s'exprimerait par les différents symptômes qui viennent d'être décrits. En fait, certaines actions ne seraient pas rapportées à leur auteur légitime, mais attribuées fallacieusement soit à autrui (hallucinations verbales, vol de la pensée, etc.), soit au patient lui-même (contrôle de la pensée et des actions d'autrui par le patient). En effet, lorsqu'un sujet est halluciné, c'est bien lui qui produit l'hallucination ; le processus anormal consiste dans le fait de croire que cette production de langage ne vient pas de soi, mais d'autrui : c'est cela qu'on appelle une erreur d'attribution d'action.

Le délire

Les symptômes qui viennent d'être décrits peuvent exister simultanément ou successivement chez une personne souffrant de schizophrénie. Examinons ce qu'ils font vivre aux malades qui en souffrent. Leur présence suscite souvent chez eux un légitime état de suspicion à l'égard d'autrui : puisque les autres peuvent les manipuler à distance, leur parler pour leur dire des choses désagréables à tout instant, c'est qu'ils sont malveillants à leur égard et il faut par conséquent se méfier d'eux. De ce fait, les personnes souffrant de schizophrénie ne révèlent pas facilement ces expériences et seule une relation de confiance – établie sur la base d'une écoute patiente, neutre et respectueuse – peut permettre à l'interlocuteur de vaincre leur méfiance. Parfois, ils ne confient que tardivement l'existence de tels symptômes et le clinicien peut même être étonné de découvrir que des patients qu'il connaît de longue date présentent depuis longtemps ce type de manifestations, tenues secrètes jusqu'alors. Ces considérations montrent l'importance d'un abord clinique approfondi comme préalable à toute étude de ces symptômes. En effet, ces troubles de l'expérience vécue ne se laissent aborder qu'au travers de l'établissement de rapports de bonne intelligence avec le patient. Celui-ci doit autoriser la personne qui est en face de lui à l'aider à expliciter un vécu souvent trop confus et inhabituel pour que celui qui en souffre puisse en donner ne serait-ce qu'une ébauche de description cohérente par lui-même.

Il n'est probablement pas anodin que Bernard soit réticent à parler de ses troubles. Prudence, méfiance et hostilité peuvent aller de pair avec l'impression d'être dépossédé de ses pensées, d'être contrôlé par autrui et avec l'ingérence de commentaires malveillants que l'on entend où que l'on aille. De ce fait, très souvent, les personnes souffrant de schizophrénie ne parlent pas volontiers de ce genre de manifestations. Dans nombre de cas, leur caractère intime et intrusif les conduit à les dissimuler. *A contrario*, certaines personnes – peu nombreuses – parlent très volontiers et avec force détails de leurs troubles. Cela conduit à se demander si la réticence de la majorité des schizophrènes peut être expliquée par le contenu des symptômes (ce que disent leurs voix les incite à la méfiance parce qu'elles leur font percevoir l'environnement comme hostile ou alors elles leur intiment l'ordre de ne pas parler) ou bien par la nature des symptômes en question. Le fait que les schizophrènes réticents soient pour l'essentiel ceux qui sont hallucinés peut laisser penser que ce sont les voix qui génèrent leur réserve. Toutefois, on recueille souvent plus d'informations à leur sujet qu'au sujet des autres expériences psychotiques car elles impliquent le langage et sont donc plus faciles à décrire que les autres symptômes plus insidieux et indicibles (dont certains sont présents chez Bernard : impression de pouvoir lire les pensées des autres ou encore que les autres lisent ses pensées). On comprend ainsi pourquoi on recueille plus d'éléments au sujet des voix que des autres symptômes.

Ces manifestations restent donc souvent secrètes, les difficultés des patients ne s'exprimant ouvertement qu'à travers l'expression, plus tardive, d'un discours délirant. Très succinctement, on appelle délire une croyance non fondée dans la réalité. Les idées délirantes prennent habituellement la forme de convictions, en ce sens qu'elles ne sont pas accessibles à la moindre remise en question. Il s'agit donc d'idées détachées de tout facteur déclenchant rationnel, pouvant néanmoins être alimentées par des éléments de la réalité, quoique apparemment sans rapport logique. Par exemple, une personne peut être convaincue qu'un complot se trame contre elle et le fait d'entendre parler à la télévision d'une secte quelconque va non seulement la renforcer dans sa croyance, mais également la pousser à croire que cette secte participe au complot. Une autre va considérer que la couleur d'une voiture qui passe devant elle a un rapport avec l'ostracisme dont elle est victime car cette couleur lui délivre le message qu'elle doit rentrer chez elle immédiatement.

Généralement, le délire emprunte des thèmes tels que la persécution (on m'en veut ; on me poursuit ; on cherche à me faire du mal ; on complote contre moi ;

etc.), la mégalomanie (je possède des pouvoirs particuliers ; je dois remplir une mission de grande envergure ; etc.), la religion (Jésus me fait passer des messages ; le diable me persécute ; etc.), l'amour (telle personne m'aime et veut m'épouser – en réalité cette personne n'en a pas la moindre intention et n'a de plus jamais manifesté un tel désir ; mon conjoint me trompe ; etc.), la santé (je suis atteint d'une maladie incurable ; mes poumons et mon foie ont disparu, m'ont été dérobés ; etc.). Les exemples cités entre parenthèses évoquent les principales idées délirantes dont les patients nous font part et ils sont pour la plupart sous-tendus par l'interprétation erronée des éléments du contexte. En effet, le fait de penser que quelqu'un nous en veut ou complote contre nous peut aisément être alimenté par la moindre action ambiguë, voire par de simples impressions interprétées fallacieusement par le patient persécuté (par exemple, le patient qui pense qu'une secte le surveille va interpréter les coups de téléphone de personnes qu'il ne connaît pas et l'appellent par erreur comme le signe d'une surveillance téléphonique). De même, penser qu'une personne nous aime peut conduire à scruter ses moindres gestes et à leur accorder un sens que cette personne ne souhaite pas y mettre (par exemple, une patiente témoin de Jéhova a interprété le regard d'un coreligionnaire vers une mariée comme une manière de lui dire qu'il voulait l'épouser, alors qu'il n'a jamais eu cette intention et a même cherché par tous les moyens à s'éloigner d'elle).

Le contenu des voix (lorsqu'elles sont présentes) est généralement cohérent avec ces interprétations aberrantes de ce que dit ou fait autrui ; dans beaucoup de cas, les interprétations ne surviennent que parce que des messages donnés par les voix les ont précédées. Dans d'autres cas, il ne s'agit pas de l'interprétation du comportement d'autrui, mais de l'interprétation d'éléments non humains. Certains patients peuvent interpréter des éléments de l'environnement (oiseaux qui chantent, mouvements des feuilles d'un arbre) comme leur faisant passer un message qui va les inciter ou les contraindre à faire ceci ou cela ou bien leur communiquer une émotion très brute (par exemple un patient voyant un objet ou un vêtement noir va ressentir une angoisse très importante et incontrôlable car la couleur noire représente le mal). Lorsqu'elles prennent cette forme, les interprétations des patients sont appelées idées délirantes de référence.

La plupart des idées délirantes résultent d'une mauvaise compréhension des intentions d'autrui. Autrui est ainsi vécu comme persécuteur, comme objet d'amour, comme partenaire infidèle, comme créature devant obéissance, etc. Il semble qu'il manque au patient les compétences qui nous permettent habituellement de prendre en compte et de comparer plusieurs interprétations du comportement d'autrui. Par exemple, voir quelqu'un sourire peut être interprété de plusieurs manières : cette personne se moque de nous (interprétation privilégiée par les schizophrènes ayant des idées délirantes de persécution) ou alors elle a vu quelque chose d'amusant autour d'elle sans que cela ait un rapport avec nous. Le schizophrène se retrouve contraint de n'envisager l'autre que sous l'angle des rapports pathologiques qu'il établit avec lui. L'autre sera ainsi nécessairement persécuteur, objet d'amour, de jalousie ou inféodé au patient. D'un autre côté, la personne souffrant de schizophrénie ne se montre plus capable d'appréhender le monde autrement qu'en fonction de ses préoccupations, c'est-à-dire de ses idées délirantes.

Un cercle vicieux se crée : ces idées sont renforcées par des observations erronées qui confortent à leur tour le sujet dans ses idées. Le phénomène initiant ce processus semble être, dans un grand nombre de cas, les hallucinations ou les autres expériences de dépossession de ses pensées. Dans d'autres cas, soit ce vécu existe mais est caché, soit le trouble concerne directement la perception des intentions de l'autre qui sont ainsi généralement vécues comme hostiles, sans que les filtres habituels puissent s'exercer. Ces filtres impliquent en particulier une prise de distance avec le ressenti immédiat suscité par ce qu'observe le sujet (dans l'exemple du paragraphe précédent, cela permet d'arriver à se dire que la personne qui sourit n'a pas de raison particulière de se moquer de nous). Quoi qu'il en soit, les attentes des personnes souffrant de schizophrénie conditionnent leur perception d'autrui et de ses agissements. Ces attentes sont engendrées par une modification du vécu dont il est nécessaire de rechercher la cause. En effet, cette modification ne peut être générée seulement par l'histoire du sujet, si traumatique fût-elle. D'autres mécanismes doivent être recherchés et la seule manière rationnelle de le faire consiste à s'intéresser aux particularités du fonctionnement du cerveau pouvant participer à la genèse des symptômes.

Les symptômes positifs ont très probablement un soubassement biochimique (excès de dopamine et de glutamate), comme nous le verrons brièvement dans le chapitre 5, mais ce niveau d'analyse n'est pas suffisant pour expliquer les troubles dont souffrent les patients. En effet, l'excès de dopamine (ou hyperdopaminergie) n'explique pas, par exemple, pourquoi certains thèmes délirants sont communs à nombre de personnes souffrant de schizophrénie. Il est probable que l'hyperdopaminergie ne constitue que l'ambiance permettant à des anomalies présentes à un autre niveau de s'exprimer. Il est pertinent de tenter de comprendre comment une telle ambiance, rendant en quelque sorte le sujet ultrasensible à tout ce qui se passe autour de lui, conduit à l'expression d'une perturbation profonde des relations à l'autre et à une confusion entre sa volonté, ses pensées et celles de l'autre. Une manière constructive de comprendre de quelle manière il en vient à se tromper sur les intentions et les actions d'autrui consiste à s'intéresser à ce que l'on appelle la cognition sociale, c'est-à-dire à la manière dont le cerveau traite les informations nécessaires à la gestion des relations avec autrui. L'étude de ce concept, qui va être considéré ici dans un sens très large, est particulièrement pertinente dans le cadre de l'étude des troubles schizophréniques, avant tout caractérisés par des confusions multiples en ce domaine.

L'étude des symptômes positifs en tant que conséquences d'une perturbation de la cognition sociale trouve en effet sa légitimité dans l'observation clinique des principaux symptômes dont souffrent les patients schizophrènes, qui s'expriment dans le registre de la relation à l'autre. En effet, comme on l'a largement vu plus haut, les patients entendent fréquemment des voix (ou hallucinations verbales) et ils subissent en ce cas l'intrusion de la parole de l'autre dans leur esprit ; parfois il leur semble que quelqu'un leur en veut (délire de persécution), le problème se situant alors dans l'attribution d'intentions fallacieuses à celui-ci ; enfin ils peuvent avoir le sentiment qu'autrui leur adresse un message (délire de référence), qu'autrui lit ou dérobe leurs pensées ou leurs sentiments (diffusion et vol de la pensée), qu'autrui a pris leur contrôle (délire d'influence) ou, à l'inverse, qu'ils peuvent contrôler autrui et, dans ces situations, les frontières naturelles entre la volonté, les émotions et les désirs du sujet et ceux d'autrui sont altérées.

Les troubles de l'attribution des actions

On appelle trouble de l'attribution des actions le processus qui conduit des patients schizophrènes à vivre certaines de leurs pensées et de leurs actions comme étant contrôlées, volées ou devinées par les autres, ainsi que certaines pensées ou actions d'autres personnes comme étant contrôlées par eux.

Un jeune homme de 27 ans pensait qu'un ordinateur contrôlait ses pensées à distance : il avait pris la précaution de faire couper le courant électrique à son domicile afin de gêner l'influence de cet appareil sur son esprit, mais il sentait que ses ondes parvenaient malgré tout jusqu'à lui et le faisaient agir contre son gré. Lorsqu'il sortait dans la rue, il sentait ses pensées quitter sa tête et entrer dans celle des passants, ce qui ne manquait pas de l'inquiéter beaucoup car il ne pensait pas que du bien de ceux-ci. À plusieurs reprises, il a voulu fuir cette situation en courant, mais il n'a fait que la déplacer avec lui. D'un autre côté, il se sentait capable de décider de ce que les personnes sur lesquelles il se concentrait devaient faire : lorsqu'il le voulait, il prenait ainsi le contrôle des actions de quelqu'un d'autre en dirigeant ses gestes et ses pas selon sa propre volonté.

Ce bref cas montre comment ce jeune homme perd le contrôle de ses actions et pensées (perte qu'il vit comme la conséquence de l'influence d'un ordinateur), perd leur localisation dans sa boîte crânienne (diffusion de la pensée, qui quitte sa tête et va vers les autres), mais également contrôle les autres à distance. Toutes ces manifestations se caractérisent par une désappropriation, en rapport avec une atteinte de la conscience des limites entre soi et autrui. Le patient n'a plus conscience des limites de son être. Les symptômes se caractérisent, d'une part, par l'influence du monde sur le sujet (dans les hallucinations et le délire d'influence) et, d'autre part, par l'influence du sujet sur le monde. Ces phénomènes, qui sont de l'ordre d'un vécu primaire – et dont les personnes souffrant de schizophrénie rapportent plus ou moins facilement l'expérience car leur apparente réalité, leur intimité et leur vivacité n'autorisent pas leur récit, du moins dans un premier temps – pourraient conduire à l'élaboration d'explications irrationnelles à leur sujet, l'ensemble de leurs interprétations fallacieuses constituant progressivement le délire.

Ces symptômes se caractérisent tous par des erreurs touchant l'affectation adéquate des actions, des pensées ou des émotions à un auteur (en l'occurrence soi-même ou l'autre). Ils ont été appelés symptômes de *premier rang* par Kurt Schneider, un psychiatre allemand du milieu du XXe siècle, du fait de leur relative spécificité pour le diagnostic de schizophrénie. Pour Schneider, ces erreurs concernent des sujets qui agissent ou pensent et déclarent que leurs actions ou pensées sont celles d'autres personnes. En pratique, comme nous venons de l'évoquer, les schizophrènes se plaignent de la sensation que les autres peuvent leur voler leurs pensées, leur en introduire dans l'esprit, influencer leurs actes ou leurs émotions ou encore s'adresser à eux sous la forme de voix qui paraissent provenir de l'environnement, alors qu'en fait personne ne parle autour d'eux.

Cette détermination erronée de l'auteur de certaines actions conduit à s'intéresser aux processus cognitifs (traitement de l'information par le cerveau) spécifiquement dévolus à l'attribution d'une action à son auteur. En effet, mettre en évidence une altération des processus d'attribution des actions conduirait à identifier une des anomalies du fonctionnement cérébral sous-tendant les principaux symptômes de la schizophrénie. Ceci est important pour deux raisons : d'une part pour montrer comment le cerveau intervient dans la production des symptômes (par l'altération de certains processus dont on peut identifier les structures cérébrales responsables grâce aux techniques de neuro-imagerie) et d'autre part pour déterminer des cibles cérébrales pour les nouveaux traitements de la schizophrénie (qui seront abordés dans le chapitre 7).

Des situations expérimentales ont été spécifiquement élaborées afin d'étudier l'attribution des actions dans la schizophrénie. Elles consistent à demander au sujet d'effectuer des actions et de les reconnaître alors que certaines informations habituellement utiles pour ce faire ont été supprimées ou modifiées. De tels protocoles ont pour but de mettre en évidence des données objectives en rapport avec les troubles très subjectifs du vécu des patients. Une relation entre l'existence des symptômes de premier rang et leurs résultats à ces tâches est recherchée par comparaison avec les performances de sujets sains ou avec celles d'autres sujets schizophrènes ne présentant pas de tels symptômes. Par ailleurs, l'enregistrement du fonctionnement cérébral au cours de telles tâches expérimentales permet de mettre en évidence les zones du cerveau impliquées dans l'apparition de ces symptômes.

L'attribution des actions est le processus qui permet d'identifier l'autre comme auteur des actions extérieures à soi et soi-même comme auteur des siennes propres. Ce processus s'appuie-t-il sur le fonctionnement de zones spécifiques du cerveau ? Depuis la fin des années 1990, on sait quelles zones du cerveau s'activent quand nous effectuons une action, quand nous la simulons (en nous la représentant mentalement) et quand nous observons quelqu'un d'autre faisant de même. Les aires impliquées se situent aux niveaux frontal, temporal et pariétal du cerveau, au niveau sous-cortical et dans le cervelet (voir plus bas la figure 2). Elles constituent un réseau en partie commun aux tâches d'exécution, de simulation mentale et d'observation des actions. La fonction de ce réseau pourrait être de permettre au sujet d'appréhender ce que fait l'autre : en étant capable de se mettre à sa place, le sujet pourrait comprendre les actions de l'autre et en particulier leurs buts. D'un autre côté, le fait que le même réseau s'active pendant ses actions et celles d'autrui conduit à se demander comment le sujet sait lequel des deux protagonistes est l'auteur d'une action donnée.

Par ailleurs, une altération de ce mécanisme d'attribution des actions pourrait contribuer à générer une confusion entre ce qui est à soi et ce qui est à autrui, c'est-à-dire favoriser certains symptômes de la schizophrénie. Les processus impliqués dans la reconnaissance de l'origine des actions ont été étudiés à l'aide d'expériences durant lesquelles les sujets devaient agir tout en étant confrontés aux conséquences modifiées de leurs actions. Des sujets sains et des patients schizophrènes ont participé à ces expériences et leurs performances respectives ont été comparées. À Londres, les actions utilisées étaient des actions de langage, alors qu'à Lyon, il s'agissait d'actions de la main. C'est de celles-ci qu'il va maintenant être question, mais il est remarquable que les résultats obtenus dans le domaine du langage soient proches de ceux-ci, dans l'expression d'une anomalie de la reconnaissance de ses propres productions. Plusieurs expériences ont, dans un premier temps, permis de confirmer l'existence d'anomalies chez les patients schizophrènes et de les quantifier.

Dans un deuxième temps, l'activité cérébrale de sujets sains et schizophrènes a été enregistrée au moment où ils effectuaient une tâche d'attribution d'action.

Afin de mettre en évidence les anomalies de reconnaissance de leurs propres actions chez les schizophrènes, des patients ont été placés dans la situation suivante (voir figure 1) : ils étaient assis devant une table et tenaient dans leur main droite une manette de jeu ; ils ne pouvaient voir directement celle-ci, mais seulement les images se reflétant sur un miroir placé au-dessus de leur main. Ils devaient suivre des consignes précises : ils avaient à effectuer des mouvements simples (aller en avant, vers la droite ou vers la gauche) et brefs ; durant ces mouvements, une image de synthèse de main tenant une manette de jeu leur était présentée ; soit cette image de synthèse reproduisait à l'identique ce qu'ils faisaient, soit une modification pouvait être introduite dans leur mouvement. La tâche consistait à déterminer si chacun des mouvements présentés était bien celui qu'ils avaient exécuté ou non. Les modifications pouvant être introduites dans leurs mouvements étaient soit temporelles (il s'agissait d'un retard introduit dans le mouvement dont les images leur étaient diffusées), soit angulaires (une déviation vers la droite ou vers la gauche).

Plus le biais est important, plus il est visible. Lorsque des biais extrêmes étaient utilisés, tous les sujets, y compris les schizophrènes, les repéraient parfaitement. Par contre, avec les autres biais, les patients étaient moins performants que les sujets sains pour détecter les biais introduits : ils prenaient pour les leurs des mouvements dont les biais étaient aisément identifiés par les

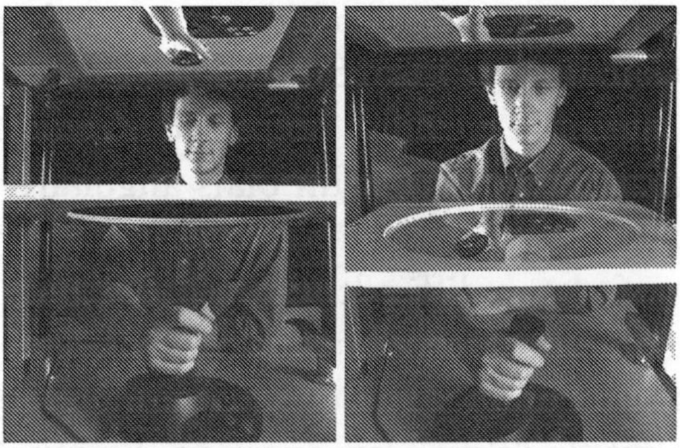

Figure 1. Dispositif expérimental permettant d'étudier la reconnaissance de ses propres actions lorsque les informations visuelles sont concordantes avec le mouvement effectué (à gauche : le sujet voit son propre mouvement) ou lorsqu'un biais est introduit (à droite, biais angulaire : le sujet voit un mouvement discordant par rapport à celui qu'il exécute).

sujets sains. De plus, les patients souffrant de l'impression d'être contrôlés par autrui étaient encore moins bons dans cette tâche que les autres patients et ceci en particulier lorsque des biais angulaires étaient utilisés.

Ce résultat montre que lorsque des personnes schizophrènes se trouvent dans des situations où elles ont à reconnaître des actions comme étant les leurs, elles sont en difficulté lorsque les informations sensorielles à leur disposition sont modifiées. Cette anomalie pourrait être liée au fait que les informations internes dont elles disposent sont insuffisantes pour qu'elles puissent déterminer si elles sont ou non les auteurs de ces actions. Ceci les conduirait à perdre le sentiment que certaines de leurs actions sont bien générées par elles-mêmes (sentiment qui accompagne normalement chaque production mentale et chaque action).

Par ailleurs, le fait que les schizophrènes se distinguent dans la condition où un biais angulaire est introduit conduit à se demander quel est le lien entre leurs symptômes et leurs difficultés à déterminer la direction d'un mouvement. Or la direction de la main que l'on tend vers un objet fournit une information essentielle quant au but de l'action en question. Se représenter la direction d'un mouvement est crucial pour l'observateur d'une action : le fait de voir l'autre avancer sa main dans une direction donnée permet de comprendre ce qu'il veut faire. Un sujet qui n'est pas en mesure de disposer de telles informations pourrait être conduit à mal interpréter les intentions de celui qui effectue cette action. Cette anomalie pourrait entraîner ce sujet à se méprendre sur le but d'une action, l'intention sous-jacente à cette action et, finalement, entraîner des erreurs d'attribution à soi ou à autrui, telles que celles que l'on observe dans la schizophrénie.

Une deuxième étape a consisté à enregistrer l'activité cérébrale de sujets sains et schizophrènes dans une tâche similaire. Le programme de synthèse d'images utilisé dans l'étude précédente a été réemployé. Cette fois-ci, le sujet devait effectuer la tâche tout en étant couché dans un appareil de tomographie par émission de positons (PET scan). Cet appareil (dont l'aspect est proche de celui d'un scanner, le principe physique utilisé pour constituer les images étant par contre différent) permet de quantifier le débit sanguin dans chaque unité de volume du cerveau. De cette manière, il est possible de déterminer le degré d'activité des différentes zones cérébrales, l'activité de chacune d'entre elles étant proportionnelle à la quantité de sang qui s'y trouve. Lorsque cet enregistrement est effectué alors que le sujet exécute une tâche spécifique, la carte obtenue met en évidence les zones du cerveau dont l'implication est nécessaire pour réaliser cette tâche. Il a été ainsi possible de déterminer quelles parties du cerveau participent à la réalisation d'une tâche d'attribution d'actions.

En pratique, les images synthétisées par l'ordinateur étaient projetées sur un miroir placé juste au-dessus du visage du sujet. Son activité cérébrale était enregistrée lorsqu'il observait les images de sa main en train d'agir, les images de ses actions déviées de 25° ou 50°, ou enfin les images de la main de l'autre en train d'exécuter des actions différentes des siennes. Dans cette dernière condition (qui n'existait d'ailleurs pas dans l'expérience précédente), les mouvements de la main virtuelle étaient ceux d'une autre personne ; ils ne correspondaient donc pas du tout à ce que faisait le sujet. Chez les sujets sains, l'activité de certaines zones du cerveau était modulée par le degré de discordance entre le mouvement exécuté et le mouvement observé. Certaines zones (voir figure 2 page suivante) situées au niveau du lobe pariétal et du lobe frontal – plus précisément le gyrus angulaire, le cortex prémoteur dorsal, la pré-aire motrice supplémentaire et le gyrus cingulaire antérieur droit – étaient d'autant plus actives que le mouvement observé était différent du mouvement exécuté. Au contraire, d'autres zones – le cervelet droit et l'insula droite – étaient plus actives lorsque le mouvement observé était similaire au mouvement exécuté. Cette modulation n'a pas été retrouvée chez les patients souffrant de schizophrénie, même lorsqu'ils étaient capables de reconnaître les biais (selon les réponses qu'ils donnaient après chaque essai). On peut interpréter cela comme la conséquence d'une impossibilité pour leur cerveau d'intégrer l'existence des biais angulaires introduits dans les images.

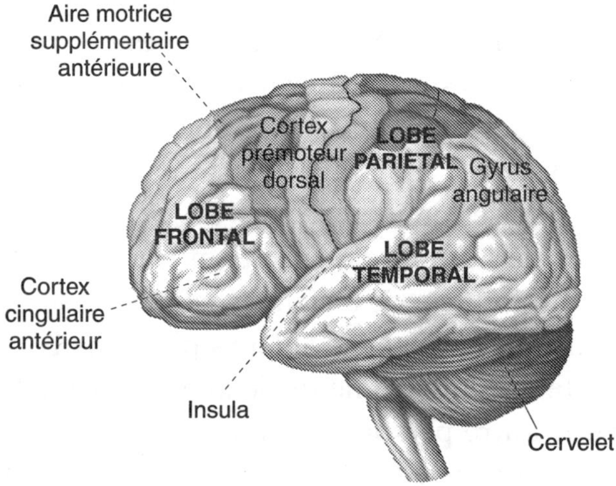

Figure 2. (image du Dr Chlöé Farrer).
Aires impliquées dans la reconnaissance de ses propres actions (les flèches en pointillés indiquent des structures situées dans la partie médiane du cerveau ; elles ne sont pas visibles sur une vue latérale gauche telle que celle-ci, car situées en profondeur).

Les processus cérébraux impliqués dans l'attribution de l'action sont donc altérés dans la schizophrénie, puisque le cerveau des personnes qui souffrent de cette maladie traite les actions modifiées comme leurs propres actions. L'hypothèse est qu'une telle altération pourrait jouer un rôle dans la production des symptômes. Cette altération pourrait reposer sur une incapacité à intégrer les informations perceptives (liées non seulement à la vision, mais également aux capteurs perceptifs situés sur les tendons musculaires) et les informations internes. Il a été montré que les schizophrènes perçoivent de manière plus brève que les sujets sains le temps qui s'écoule entre leur action et sa conséquence. Cette modification de leur vécu temporel pourrait les conduire à prendre pour leurs les actions des autres produites dans une certaine proximité temporelle avec les leurs dans la mesure où ils ne peuvent identifier l'origine de ces actions. Cette anomalie conduirait, d'une part, aux résultats des études qui viennent d'être présentées, et, d'autre part, à l'expérience de dépossession. C'est sur cette expérience que se construiraient les symptômes des patients. Il faut noter que cette anomalie ne génère pas en elle-même les symptômes (en effet lors des études dont il a été question, les patients n'ont pas présenté d'hallucination, ni de délire). Pour qu'ils se développent, il faut que les schizophrènes intègrent ce vécu avec une représentation d'eux-mêmes dans la durée. Les symptômes ne peuvent en effet se réduire à de simples confusions ponctuelles concernant l'origine d'actions données.

Que chaque action soit attribuée à son auteur légitime reste néanmoins une nécessité fondamentale de tous les instants. Cette compétence permet la séparation du sujet et de l'autre, ainsi que l'établissement d'une frontière entre eux. La perte de cette frontière aboutit à l'expérience angoissante d'un mélange entre ce qui appartient à soi et ce qui appartient à autrui. C'est ce qui se produit dans la schizophrénie.

La compréhension des intentions des autres

Une jeune femme de 38 ans a remarqué qu'un de ses voisins la regardait régulièrement lorsqu'elle rentrait chez elle. Elle a pensé que ceci ne pouvait être dû qu'à une hostilité de sa part. Voyant par sa fenêtre des jeunes gens aller à la boulangerie pour acheter du pain, elle s'est dit qu'ils voulaient lui signifier par là qu'elle devrait gagner sa vie de manière plus conséquente afin de mieux se nourrir. Cette personne a tendance à donner un sens à chacune des actions qu'elle observe, même lorsque celles-ci sont purement fortuites. Elle attribue de ce fait des intentions erronées aux autres.

Comprendre les intentions des autres permet de déterminer vers quel but tendent leurs actions. C'est une compétence indissociable de toute activité humaine interindividuelle. Déterminer les intentions d'autrui nécessite tout d'abord la capacité de savoir ce qui est à lui, mais également la capacité de distinguer ce qui est à lui de ce qui est à soi, c'est-à-dire le fait de pouvoir attribuer correctement les actions. Toutefois, même si les actions sont correctement attribuées, les intentions de l'autre peuvent ne pas être identifiées de manière valide. En effet, attribuer une intention à quelqu'un nécessite également la capacité de se mettre à sa place.

Cette capacité a été appelée *théorie de l'esprit* (c'est-à-dire l'aptitude à comprendre ce que pense l'autre). Or différentes études – sur la capacité des patients schizophrènes à prédire ce que va faire l'autre, à se représenter ce que pense l'autre ou à apprécier un dessin humoristique – montrent que la schizophrénie est associée à un déficit en théorie de l'esprit. Ce déficit pourrait contribuer fortement à la construction de leur délire en favorisant des inférences inadéquates. Or nous avons vu plus haut que la plupart des thèmes délirants concernent une mauvaise interprétation des intentions de l'autre, qui devient de ce fait persécuteur, objet d'amour ou objet de jalousie, par exemple.

Attribution d'actions et attribution d'intentions s'inscrivent dans le cadre plus large de ce que l'on appelle la cognition sociale, c'est-à-dire la capacité à traiter toutes les informations nécessaires aux relations entre individus. Le traitement des informations du visage joue également un rôle fondamental dans la cognition sociale. Son aspect déficitaire sera abordé dans le chapitre suivant. Certaines informations faciales pourraient également participer à la genèse du délire. Il s'agit en particulier de l'analyse de la direction du regard de l'autre. Dans ce domaine, une étude a montré que les schizophrènes persécutés ne considèrent pas de la même façon (en termes de discrimination angulaire ou de temps de réponse) le regard de l'autre lorsque celui-ci est susceptible de les regarder ou lorsqu'il est neutre. Ceci a été mis en évidence par une tâche durant laquelle des sujets sains et des schizophrènes devaient observer des photos de visages dont le regard était plus ou moins dirigé vers l'extérieur ; dans une des conditions, il fallait dire si le regard était dirigé vers soi ou non et dans l'autre (avec les mêmes photos) si le regard était dirigé vers la gauche ou vers la droite. Dans cette expérience, les schizophrènes ne percevaient pas le regard de l'autre de la même manière que les personnes non malades.

Ces différents résultats montrent que l'étude objective du vécu pathologique des patients est possible. Le fait que des expériences éminemment subjectives puissent être étudiées par des méthodes scientifiques (alors qu'elles ont souvent été considérées comme accessibles uniquement à l'introspection et sans rapport avec le cerveau en tant que support physique de la pensée) est sans conteste une grande avancée dans le domaine de la psychiatrie. Nous verrons par ailleurs dans le chapitre sur la thérapeutique que la mise en évidence de particularités du fonctionnement du cerveau est utile pour développer de nouvelles cibles ou de nouvelles modalités de traitement, qu'il s'agisse de substances spécifiques, de moyens physiques (comme la stimulation magnétique transcrânienne), ou encore d'un entraînement des fonctions altérées dans le cadre d'une remédiation cognitive. Enfin, lorsque des marqueurs cognitifs spécifiques auront été formellement identifiés, ils permettront d'établir de manière plus performante le diagnostic de schizophrénie qui repose actuellement encore sur des critères relativement subjectifs (malgré l'utilisation de plus en plus répandue de critères standardisés) puisque uniquement cliniques et donc sujets à l'interprétation personnelle du psychiatre.

Chapitre 3

Les symptômes négatifs : le déficit

Cécile, 31 ans, célibataire, vit seule depuis la mort de son père, quatre ans auparavant. Elle n'a pas d'activité professionnelle et sort très peu de chez elle. Une fois par an, son frère et ses sœurs l'invitent pour le réveillon de Noël où elle passe la soirée pratiquement sans dire un mot, le visage fermé.

L'existence de Cécile, fort répétitive, se construit autour des actes de la vie quotidienne, effectués sans fantaisie, plaisir, ni renouvellement. Chaque matin, elle se lève l'esprit vide et doit fournir un effort considérable pour savoir quoi entreprendre. Le simple fait de quitter son lit lui prend souvent 30 à 40 minutes, après quoi, elle s'interroge sur ce qu'elle a à faire. Souvent, Cécile renonce à faire sa toilette, trop coûteuse en énergie et elle se dirige vers le salon où elle s'allonge sur le canapé face à la télévision, qu'elle garde éteinte ou regarde sans y prêter attention ni retenir quoi que ce soit des programmes qui défilent devant son regard absent. Son alimentation est principalement constituée de boîtes de conserves, qu'elle mange souvent froides pour ne pas avoir à les faire chauffer, et de paquets de biscuits, qu'elle grignote tout au long de la journée.

Lorsqu'on l'interroge sur ses projets, Cécile se targue de vouloir travailler dans une crèche. Toutefois, ses quelques expériences professionnelles n'ont pas été concluantes car elle ne s'est pas montrée en mesure d'établir un lien constructif avec les autres membres des équipes dans lesquelles elle s'est retrouvée. Il lui a été signifié qu'elle était trop froide avec eux, ainsi qu'avec les enfants. Par ailleurs, elle ne se montrait pas capable d'initiative et ne parvenait pas à anticiper ce que les autres attendaient d'elle. Elle nie ces difficultés et continue, malgré tout, sa recherche d'emploi.

Sa famille l'a emmenée consulter à plusieurs reprises, mais Cécile a longtemps refusé tout soin, ne se considérant pas comme malade. Seule l'insistance d'une de ses sœurs, qui a réussi à lui faire admettre qu'elle n'était plus comme avant, l'a conduite à récemment accepter le médicament proposé par le psychiatre.

Qu'est-ce que les symptômes négatifs ou symptômes déficitaires de la schizophrénie ?

Contrairement aux symptômes positifs, à la fois manifestes et inquiétants, mais ne compromettant pas nécessairement l'activité des personnes qui en souffrent et généralement sensibles au traitement, les symptômes négatifs sont beaucoup plus insidieux, durables et difficiles à traiter. Ils sont de ce fait également très invalidants. Ces caractéristiques, associées à leur fréquence au sein de la population des schizophrènes, en font un défi majeur pour la recherche dans le domaine du traitement de la schizophrénie. Par ailleurs, il est fréquent qu'ils soient associés à des symptômes positifs (par exemple un délire) peu bruyants, mais parfois très riches.

Les symptômes négatifs figent les patients, leur interdisent d'entreprendre des actions, les contraignent à l'inactivité, les empêchent de ressentir des émotions. Ils vivent cela comme extrêmement contraignant et en souffrent beaucoup. Ils tentent parfois de lutter, mais épuisent rapidement leur énergie dans un combat inégal et dont ils sortent généralement terrassés, sans aucune possibilité d'échapper à l'inertie qui s'impose à eux.

Les symptômes négatifs représentent en effet une sorte de carcan qui bride les sujets dans leur capacité à penser, à agir ou à ressentir. L'expression *symptômes négatifs* désigne la perte des capacités dont le patient disposait avant de tomber malade (voir tableau 3). On distingue les symptômes négatifs primaires (c'est-à-dire les symptômes déficitaires à proprement parler) des symptômes négatifs secondaires (c'est-à-dire le repli consécutif aux symptômes positifs – par exemple, une personne persuadée de façon délirante qu'un complot est dirigé contre elle va avoir tendance à éviter les contacts avec autrui). Dans certains cas, les patients conservent une vie intérieure riche, contrastant avec l'indigence de ce qu'ils sont en mesure d'exprimer. Le plus souvent néanmoins, vie intérieure et comportement sont harmonieusement appauvris ou figés.

Tableau 3. Principaux symptômes négatifs de la schizophrénie

Symptôme	Description
Aboulie	Affaiblissement de la volonté
Apragmatisme	Incapacité à entreprendre des actions
Anhédonie	Incapacité à ressentir du plaisir
Anergie physique	Manque d'énergie, absence d'initiative
Incurie	Impossibilité de prendre soin de soi

Le concept d'appauvrissement caractérise assez justement ces symptômes : le discours, la pensée, la capacité à agir sont diminués. Le discours est diminué dans sa quantité (les patients parlent peu) et dans son contenu (ils parlent de peu de choses, avec peu de détails, ne peuvent pas approfondir les sujets abordés). Une conversation avec de tels patients est souvent unilatérale : les patients ne disent rien ou répondent par monosyllabes et leur interlocuteur fait seul les frais de la conversation. Cette difficulté à s'exprimer ne favorise pas les rencontres amicales ; les patients se retrouvent ainsi souvent très isolés socialement. Dans le cas de Cécile, seule sa famille la reçoit, et encore à une fréquence très réduite.

Certains patients décrivent très bien l'impossibilité qu'ils ont à initier des actions : ils voudraient agir, mais ne le peuvent pas. Dans ce contexte, un de mes jeunes patients schizophrènes s'est récemment présenté à l'épreuve orale de français du baccalauréat. Il avait lu l'œuvre qu'il devait alors commenter et la connaissait plutôt bien (il s'agissait de *Candide* de Voltaire, dont nous avions même eu l'occasion de discuter en entretien). Or, face à la question de l'examinateur, ce patient s'est trouvé incapable de répondre quoi que ce soit : il ne pouvait faire le lien entre ses connaissances, son expérience (la lecture de cette nouvelle) et la question précise qui lui était posée. Un long silence a donc suivi la question et l'épreuve aurait pu se terminer de manière catastrophique pour le candidat si l'examinateur ne lui avait pas donné un indice lui ayant permis de débuter sa réponse. Il a alors parlé longuement et de manière pertinente et a eu une note honorable. Dans ce cas, la difficulté n'était donc pas d'agir, mais d'initier la première action.

Chez certains, ce déficit dans la capacité à présenter des initiatives est peu intense et peu gênant dans la vie quotidienne (les sujets qui en souffrent ont alors pour seule particularité de paraître peu créatifs ou de manquer d'énergie physique) ; chez d'autres, il empêche toute action dans le cadre de ce que l'on nomme un apragmatisme. Celui-ci conduit les patients à une immobilité parfois presque complète. Pour certains patients, le temps semble ralenti : dans la même durée, ils font de 10 à 100 fois moins d'actions que ce que l'on pourrait attendre. Par exemple, un patient apragmatique (et bien entendu désœuvré et vivant seul) avait dit à ses parents qu'il s'occuperait de louer le garage dont il est propriétaire et dont il n'avait pas l'usage ; six mois plus tard rien n'avait été fait, sans que cela signifie que le patient ait renoncé à son projet : simplement, il n'en avait pas eu le temps ! Le temps subjectif s'écoule en effet souvent différemment pour les patients : plus rapidement ou au contraire moins rapidement : certains ont l'impression que le temps s'arrête et d'autres, au contraire, qu'il s'écoule plus vite. Il a d'ailleurs pu être mis en évidence expérimentalement des anomalies dans la manière de percevoir le temps liant les actions entre elles chez les sujets souffrant de schizophrénie. Ceci a été montré par des expériences durant lesquelles les patients devaient agir tout en regardant une horloge. Lorsqu'on leur demande *a posteriori* quelle heure il était au moment où ils ont agi ou au moment où ils ont entendu un signal sonore faisant systématiquement suite à leur action, on constate qu'ils vivent l'intervalle entre leur action et le signal sonore comme plus court qu'il n'est en réalité (et plus court que ne le perçoivent les sujets non malades).

Dans d'autres cas, le manque d'initiatives touche tous les domaines de la vie relationnelle et aboutit à une perte complète de la volonté (ce que l'on désigne par le terme aboulie) : les personnes qui en sont atteintes sont soumises aux décisions de l'autre et peuvent obéir pratiquement aveuglément. Cette caractéristique les met à la merci de leur entourage. Dans certains cas extrêmes et assez rares, l'abolition de la volonté est complète et les patients peuvent exécuter sans aucune réserve les ordres de l'autre (lorsque l'on dit « lève-toi », la personne se lève ; « assieds-toi », elle s'assied ; etc.).

Le fait de ne voir personne ne laisse à ces patients aucune chance de s'améliorer dans le domaine de la communication et un cercle vicieux se crée ainsi : difficultés de communication – peu ou pas d'amis – aggravation des difficultés de communication – encore moins d'amis – repli majeur sur soi. Les personnes souffrant de schizophrénie se retrouvent ainsi coupées presque complètement du monde. Nombre d'entre elles ne sortent plus du tout de chez elles et ne voient plus personne (sauf les quelques commerçants qu'il leur faut bien fréquenter, mais généralement aucun échange verbal n'est associé à ces rencontres).

Cette diminution ou absence de paroles va souvent de pair avec une diminution des pensées. De nombreux schizophrènes se plaignent de ne plus pouvoir réfléchir. Cela va de simples troubles de l'attention ou de la mémoire à la sensation d'avoir la tête vide ou de rester sans idée face à une situation.

Conséquences pratiques de l'apragmatisme (ou incapacité à entreprendre des actions)

Les personnes souffrant de schizophrénie ne sont souvent pas en mesure de faire grand-chose. Beaucoup négligent la tenue de leur logement et même leur propre alimentation. Le risque est alors qu'elles se retrouvent dans un cadre de vie insalubre. Elles sont en effet souvent dans l'incapacité de ranger leurs affaires, de laver régulièrement leur linge (elles ne prêtent d'ailleurs même pas attention à sa propreté) et de faire leur ménage. La visite de l'appartement d'un patient schizophrène ayant ce type de difficultés peut surprendre un sujet non informé sur la maladie et lui faire croire à de la négligence extrême ou à une paresse considérable. Or ce n'est pas le cas : telles qu'elles sont, ces personnes ne peuvent pas mieux faire ! Des aides sont toujours indispensables dans de tels cas. En effet, certaines situations se caractérisent non seulement par la carence d'entretien ménager, mais également par l'accumulation de déchets divers qui viennent le joncher, car les schizophrènes apragmatiques ne parviennent ni à effectuer le nettoyage nécessaire ni à éliminer au fur et à mesure tous les emballages ou autres objets devenus inutiles. Les restes alimentaires, laissés sur des assiettes posées à même le sol ou sur les meubles, attirent rapidement les insectes. Parfois, cela atteint des proportions quasiment cataclysmiques (débris divers recouvrant complètement le sol et rendant presque impossibles les déplacements, meubles détériorés, renversés, dégradés, piles d'immondices) et un nettoyage de grande envergure est alors requis.

Souvent, ces personnes ne peuvent pas se faire à manger correctement. Lorsqu'elles vivent seules, elles se contentent de menus sommaires ou vont prendre les repas chez ceux de leurs proches qui sont touchés par leur situation ou leurs insuffisances. Dans d'autres cas, elles n'ont pas été en mesure de quitter leur famille et continuent à prendre leurs repas à la table familiale dans la continuité de leur enfance. Parfois, la situation est très tendue avec leurs parents qui critiquent leur dépendance, sans toutefois que leurs reproches puissent être bénéfiques car elles sont victimes d'un processus sur lequel elles ne sont en mesure d'exercer aucun contrôle.

Dans certains cas, ce type de symptômes poussés à l'extrême, associé à leur isolement, peut conduire à mettre leur vie en danger. Dans ce contexte, un patient schizophrène n'ayant pas de famille proche et habitant en foyer Sonacotra s'était enfermé durablement chez lui, n'ayant plus l'énergie nécessaire pour faire ses commissions, ni pour s'alimenter correctement. Il se contentait de boire (de l'eau ou de la bière qu'un voisin bien intentionné avait la prévenance de lui apporter), se laissant ainsi dépérir progressivement, sans quitter son lit. Il a progressivement perdu 20 kilos et finalement seule l'intervention à domicile de soignants (alertés par le fait qu'il ne se rendait plus à ses consultations depuis plusieurs mois) a permis de le sauver.

Le déficit émotionnel de la schizophrénie

À côté de ces difficultés dans la mise en œuvre d'actions même simples, voire indispensables, les symptômes négatifs touchent aussi, et ceci de manière tout aussi dévastatrice, le domaine des émotions. Ceci aboutit à l'installation de ce que l'on appelle la froideur affective. D'un côté, les émotions des patients eux-mêmes sont atteintes : ils sont incapables de ressentir pleinement ou d'exprimer les émotions légitimement attendues dans des situations données, que ce soit au niveau de leurs mimiques ou de leur expression gestuelle, ce qui leur donne un aspect figé ; d'un autre côté, leur perception des émotions peut également être altérée : ils peuvent alors se tromper sur les émotions qu'eux-mêmes ou d'autres manifestent. Ces deux types d'anomalies viennent faire écho aux difficultés de communication décrites plus haut et aggravent considérablement le déficit social des patients schizophrènes. En effet, le fait de ne pas pouvoir ressentir de la joie dans une situation gaie ou de la tristesse dans une situation sombre rend ces patients incapables de s'adapter aussi bien aux événements qu'ils vivent qu'au milieu social dans lequel ils se trouvent. Cette rupture d'harmonie avec l'environnement a été appelée asyntonie dans les années 1920 par Eugène Minkowski, qui considérait cette anomalie comme occupant une place centrale dans le vécu des schizophrènes. Par ailleurs, le fait de ne pouvoir saisir ce qu'autrui ressent renforce également les difficultés d'adaptation des personnes schizophrènes, en générant des erreurs dans leur appréhension des désirs et des objectifs des personnes qu'elles rencontrent.

Au total, la schizophrénie se caractérise donc par d'importantes insuffisances dans le domaine émotionnel. Celles-ci s'expriment concrètement de diverses manières : malentendus, incompréhensions ou encore une importante distance relationnelle. Cette distance est le plus souvent instaurée par les patients eux-mêmes, comme dans le cas de Cécile qui ne cherche à voir personne et n'est pas en mesure de développer des liens amicaux, ce qui aboutit à un retrait social et un isolement majeurs ; elle peut également l'être par l'entourage qui n'essaie plus d'approcher quelqu'un qui lui paraît avant tout froid, peu communicatif ou absent de la relation. Les patients schizophrènes paraissent très souvent ne pas avoir besoin des autres et se suffire à eux-mêmes. En réalité, ils peuvent souffrir d'une situation qui les dépasse et qu'ils n'ont pas choisie et certains d'entre eux sont même capables d'exprimer ouvertement le désagrément qu'ils en ressentent et le souhait qu'ils auraient de pouvoir faire autrement s'ils savaient comment aborder l'autre. On voit bien à travers ces descriptions comment ces troubles constituent le versant négatif d'une pathologie des relations sociales, le versant positif s'exprimant à travers le trouble de l'interprétation des intentions d'autrui évoqué dans le chapitre précédent. De nombreux patients présentent à la fois ces deux aspects, ce qui renforce encore leur mauvaise insertion sociale : non seulement ils ne savent pas comment aborder l'autre, mais en plus ils lui prêtent des intentions hostiles.

Nous avons vu que les symptômes négatifs se manifestent largement dans le domaine des émotions. Il est possible que la difficulté à initier des actions soit secondaire à ces anomalies émotionnelles : en l'absence complète de désir, ou avec un désir trop faible, les personnes schizophrènes ne peuvent s'investir dans une activité, même si elles l'ont choisie. De nombreuses recherches ont été effectuées sur le traitement des émotions dans la schizophrénie. Celles-ci ont abordé la reconnaissance des émotions faciales par les patients schizophrènes, ainsi que les émotions communiquées par d'autres canaux. Il a ainsi été clairement montré que les patients souffrant de schizophrénie discriminent plus difficilement les émotions des autres que les sujets indemnes de cette maladie. Ceci est facilement mis en évidence lorsque l'on présente à des schizophrènes des visages sur un écran et qu'on leur demande d'identifier les émotions qu'ils expriment : les patients reconnaissent alors moins bien que les sujets sains certaines émotions. Une autre manière de procéder consiste à demander aux patients d'identifier les émotions contenues dans une séquence vocale et exprimées par l'intonation de la voix. Pour ce faire, on leur fait écouter des phrases courtes exprimant l'une de ces six émotions : joie, colère, peur, tristesse, surprise et honte, puis on leur demande quel est l'état émotionnel du narrateur dans cette phrase ou s'il est le même que dans une autre phrase qu'ils viennent d'entendre. Les schizophrènes reconnaissent moins bien que les sujets sains les émotions exprimées par le narrateur. Les déficits affectant la reconnaissance de l'intonation et des émotions faciales sont liés : les patients qui présentent une anomalie dans l'un de ces domaines sont généralement déficitaires dans l'autre.

Le déficit de perception des émotions d'autrui peut être présent dès la découverte de la maladie et peut-être même avant. De plus, il est stable dans le temps, ce qui en fait un facteur très important de dysfonctionnement social. Il est fortement lié aux symptômes négatifs dont il représente peut-être le soubassement (du moins d'une partie d'entre eux). Il s'aggrave par ailleurs lorsque les symptômes positifs s'accentuent. Ceux-ci viennent donc le renforcer.

Comment expliquer le déficit émotionnel ?

Plusieurs mécanismes pourraient contribuer à la genèse de ce trouble du traitement des émotions. Il pourrait impliquer à la fois un déficit général, plus particulièrement de l'attention (entraînant une impossibilité de porter son attention sur les informations pertinentes du visage, en laissant les autres de côté), un déficit de l'exploration visuelle (il a été montré que, lorsque les schizophrènes observent le visage de l'autre, ils se concentrent sur une zone beaucoup plus restreinte que les sujets sains et en fixent moins longtemps les différents points) ainsi qu'une atteinte spécifique de la prise en compte des informations faciales par le cerveau. Concernant ce dernier facteur, il est de plus en plus admis que, ce qui est atteint, c'est la reconstruction par le cerveau comme un ensemble de toutes les informations concernant un visage donné (en effet, c'est principalement l'extraction des informations configurales, c'est-à-dire les informations qui structurent le rapport entre les différentes parties du visage – disposition et distance, qui est déficitaire). La mauvaise appréciation des informations faciales par les personnes souffrant de schizophrénie résulterait donc de l'addition de ces différents facteurs.

L'altération du fonctionnement de plusieurs régions du cerveau pourrait sous-tendre les anomalies qui viennent d'être décrites : celles du système limbique (comprenant une structure appelée amygdale et responsable du traitement des informations émotionnelles ; le système limbique est situé dans la partie profonde du lobe temporal), du cortex temporal (spécifiquement impliqué dans le traitement des informations faciales, y compris celles qui n'ont pas de rapport avec les émotions) et du lobe frontal (qui joue un rôle dans la mise en œuvre et la coordination de toutes les opérations nécessaires et permet à l'attention de se focaliser sur les stimuli pertinents). L'altération d'une seule de ces structures (voir figure 2, p. 70) suffit pour provoquer un trouble de la reconnaissance des émotions faciales. La fonction de coordination du lobe frontal est très certainement centrale et il est possible que le point clé du déficit des schizophrènes soit l'incapacité à mettre en jeu de manière simultanée et organisée plusieurs zones du cerveau.

Chapitre 4

La désorganisation

Didier, 30 ans, célibataire, sans profession, vit à l'hôpital depuis quatre ans. Il porte toujours les mêmes vêtements qu'il ne quitte même pas la nuit, enfilant alors son pyjama par-dessus avant de se coucher, les pieds sur l'oreiller et la tête au pied du lit.

Didier arbore régulièrement un sourire hilare qu'on ne sait à quoi attribuer. Il lui arrive d'observer longuement un véhicule ou un objet de son environnement quotidien sans qu'on puisse savoir ce qui le fascine en eux. Il n'entreprend aucune démarche efficace pour quitter l'hôpital et n'est d'ailleurs pas capable de s'inscrire dans le moindre projet nécessitant une implication autre que ponctuelle. Il confie parfois entendre une voix de femme qui s'adresse à lui, mais refuse de dévoiler le contenu de ses paroles. D'autres fois, il s'introduit divers objets (papier, mousse à raser, etc.) dans les conduits auditifs, probablement pour ne pas entendre des discours ou des bruits désagréables, quoiqu'il invoque généralement des explications inopinées.

Son contact est bizarre en ce qu'il affiche généralement une expression décalée par rapport au contexte. Lorsque Didier s'exprime, on comprend très difficilement ce qu'il veut dire car il emploie souvent des termes désuets ou simplement décalés (il parle par exemple du besoin de se « remettre à niveau » lorsqu'il a soif). Parfois il parle sans que l'on puisse aisément comprendre ce qu'il veut dire ni à qui il destine son discours. Didier ne souhaite apparemment pas quitter l'hôpital et accepte le projet d'entrée en foyer médicalisé qui lui a été proposé par l'équipe hospitalière qui le prend en charge.

Qu'est-ce que la désorganisation ?

Le terme désorganisation désigne la perte de continuité qui affecte l'activité des personnes schizophrènes. Elle peut se manifester aussi bien à travers leur comportement que dans leur discours (voir tableau 4). Le comportement des schizophrènes désorganisés paraît ne pas être dirigé vers un but net, explicitable. Il est incohérent, constitué d'une suite d'actions ne s'enchaînant pas de manière logique et constructive. Le cas de Didier montre bien diverses bizarreries comportementales dont certaines sont attribuables à la désorganisation (par exemple le fait de considérer certaines choses sans raison donnée), alors que d'autres sont directement en rapport avec des symptômes positifs (par exemple l'introduction d'objets dans ses oreilles afin de lutter contre ses hallucinations). Le langage peut aussi être atteint chez les schizophrènes désorganisés. Ils paraissent alors s'exprimer soit de manière mystérieuse, soit de façon carrément incompréhensible. Ce qui est caractéristique, c'est l'impression que donnent souvent ces patients de ne pas construire leur discours en fonction de l'interlocuteur : ils parlent, mais ne le font apparemment pas pour être compris. Par ailleurs, ils sont souvent incapables de prendre en considération les réactions de l'interlocuteur à leur discours ; par exemple, tel schizophrène ne remarque pas que la personne à laquelle il raconte en détail des platitudes sur sa vie conjugale, depuis un long moment, regarde ostensiblement sa montre pour lui signifier que cela suffit ; tel autre ne voit pas que ses propos irritent son entourage à un point tel qu'il risque de provoquer des réactions brutales. Toutes ces anomalies peuvent être plus ou moins marquées : elles sont parfois très subtiles et ne seront remarquées que par un observateur avisé ; dans d'autres cas, elles sont particulièrement flagrantes car personne ne peut saisir le sens des paroles prononcées.

Tableau 4. La désorganisation schizophrénique

Symptôme	Description
Incohérence motrice	Activité désordonnée
Incohérence du discours, schizophasie	Langage peu ou non compréhensible
Paralogismes, néologismes	Emploi de termes inappropriés ou inventés
Barrages	Arrêts brutaux du discours
Bizarreries	Comportement ou langage décalés

La désorganisation du discours peut se manifester de plusieurs manières. Tout d'abord, on peut observer une perte de la cohérence globale du message qui est produit : la personne passe d'un sujet à l'autre, sans que ces sujets aient un rapport apparent. Il arrive aussi que les réponses à des questions précises se fassent toujours de manière indirecte ou non pertinente par rapport au contexte. Parfois ces réponses empruntent des chemins très indirects, les schizophrènes faisant de grands détours avant d'atteindre la réponse à la question posée. Dans d'autres cas, ils parlent beaucoup et sont difficiles à interrompre. Certains construisent leur discours selon les sonorités des mots qu'ils entendent ou prononcent ; par exemple, une personne souffrant de schizophrénie peut parler de renoncer à quelque chose et associer à partir du mot « renoncer » : « céramique, renoncules, particules... ». D'autres créent de nouveaux mots (« mortualitaire, sérénicalmeté ») ou attribuent un sens qui leur est propre à des mots du vocabulaire courant. Ces néologismes et paralogismes peuvent parfois être si nombreux que, associés aux caractéristiques précédentes, on ne comprend plus rien à ce qui est dit.

Une désorganisation telle que celle-ci, aussi bien que celle de Didier d'ailleurs, est à proprement parler incompatible avec une vie sociale ou professionnelle. De telles personnes doivent être assistées au quotidien et ne peuvent vivre que dans des structures les assistant très largement. Ce point sera évoqué plus loin dans le chapitre sur la réinsertion sociale. Il est important de concevoir que de nombreux schizophrènes souffrent d'une incapacité à gérer même des besoins apparemment élémentaires, tels que la préparation des repas, le ménage, la formulation d'un message clair du fait d'une incapacité à organiser de manière structurée leurs actions et leurs paroles. Ceci est extrêmement handicapant et nécessite une aide non infantilisante, afin de développer les capacités des sujets et non les rendre dépendants de l'environnement étayant – qu'ils requièrent de toute façon.

Les personnes désorganisées présentent très souvent d'importantes difficultés à se représenter et à utiliser leur propre corps, comme si celui-ci était morcelé ou ne présentait pas de limite nette avec l'environnement. Ces troubles peuvent être interprétés soit dans le cadre du trouble des difficultés d'attribution des actions évoquées dans le chapitre sur les symptômes positifs, soit dans celui des difficultés d'intégration des informations évoquées dans le chapitre sur les symptômes négatifs, soit en termes d'incapacité à structurer son comportement évoquée plus loin dans le présent chapitre. L'abord du corps des patients schizophrènes, trop souvent laissé de côté, est l'occasion de faire le lien entre les trois principales dimensions (positive, négative et désorganisation) de la schizophrénie.

Désorganisation et dissociation

La désorganisation (ou du moins les processus qui conduisent à cette manifestation) a longtemps été considérée comme centrale dans la schizophrénie. Bleuler considérait que les symptômes de la schizophrénie étaient dus à une dissociation (*Spatlung* en allemand), c'est-à-dire à une perte de la cohérence des processus de pensée. Pour cet auteur, la vie mentale des sujets schizophrènes était fragmentée et ceci s'exprimait aussi bien au niveau de leurs pensées, que de leurs émotions et de leur comportement.

Actuellement, la désorganisation est considérée comme une des dimensions de la schizophrénie, c'est-à-dire comme un ensemble de symptômes ayant une certaine indépendance par rapport aux symptômes positifs et négatifs. Cela signifie que divers mécanismes pourraient être responsables de ces trois différentes dimensions. Nous avons vu, au cours des deux chapitres précédents, les mécanismes pouvant être impliqués dans la production des symptômes positifs et négatifs. Nous allons examiner dans la partie suivante ceux qui peuvent conduire une personne à être « désorganisée ».

Fonctions exécutives dans la schizophrénie

Logiquement, les études qui ont été réalisées dans le domaine ont examiné les processus nécessaires à un agencement satisfaisant des actions produites par un individu (qu'on appelle fonctions exécutives). Plusieurs méthodes ont été employées pour ce faire. Nous allons en évoquer deux qui ont été utilisées ou développées à l'Institut des sciences cognitives, respectivement par Tiziana Zalla et Andrés Posada.

Une première manière d'aborder la question consiste à déterminer comment un individu agence de manière globale des ensembles d'actions plus ou moins élémentaires. En pratique, ceci peut être déterminé en montrant à des sujets d'expérience des films qu'ils doivent segmenter en signalant chaque passage d'une action à une autre. On peut leur demander soit de repérer les actions élémentaires, soit des actions plus complexes (des ensembles d'actions élémentaires). Par exemple, si on montre à une personne un film durant lequel une jeune femme fait sa toilette, lui demander de repérer les actions élémentaires correspond à lui demander de noter quand cette personne ouvre un robinet, prend une brosse à dents, pose son peigne, se met du fard à paupières, etc., alors que lui demander de repérer les ensembles d'actions consiste à lui demander de séparer le lavage de mains du brossage de dents, du peignage et du maquillage. Lorsque l'on compare les performances de patients schizophrènes à celles de sujets sains dans de telles tâches, on observe que les schizophrènes, s'ils repèrent aisément les actions élémentaires, sont en difficulté pour discerner les ensembles d'actions. Cela signifie qu'ils ne structurent pas correctement ce qu'ils observent, ce qui fait qu'ils ne sont pas en mesure de le comprendre. Ce déficit peut jouer un rôle délétère à la fois sur la compréhension du monde et sur l'organisation de leur propre comportement (d'où une désorganisation).

Ces processus peuvent également être abordés par l'étude des mécanismes impliqués dans la succession de deux actions. Plusieurs expériences ont été réalisées afin de savoir comment les schizophrènes prévoient l'action qui suit celle qui est en cours. Ceci a été mis en œuvre, par exemple, grâce à l'utilisation de séquences de rectangles de couleur apparaissant successivement sur un écran de manière prévisible (répétition de séquences à l'identique, ce qui aboutit normalement à un apprentissage de la succession des couleurs). Lors de telles tâches, les patients schizophrènes présentent une capacité d'anticipation nettement moindre que celle des sujets sains, c'est-à-dire qu'au lieu de répondre avant l'apparition du rectangle, ainsi que le font les sujets sains après un certain nombre de répétitions, les schizophrènes répondent le plus souvent après son apparition.

Anticiper un événement à venir requiert la connaissance de son insertion dans une suite d'occurrences se déroulant selon un ordre prévisible. Dans le cas qui vient d'être évoqué de l'anticipation de la couleur à venir, les sujets doivent garder à l'esprit un certain nombre d'informations : l'idée qu'il s'agit d'une séquence répétitive, de quelle séquence il s'agit et le fait qu'il faut anticiper l'arrivée de la couleur suivante. Toutes ces informations doivent être intégrées afin de produire la commande motrice d'appui sur la bonne touche. Ce processus intégratif a été très étudié et appelé « mémoire de travail ». Il opère à l'interface de la mémoire, de l'attention et de la perception et repose sur le fonctionnement du lobe frontal du cerveau et de ses interactions avec des structures telles que l'hippocampe. Le rôle du lobe frontal est clairement mis en évidence par les anomalies touchant l'organisation du comportement et la planification des actions chez les sujets atteints d'une lésion de cette région du cerveau. Ces sujets tendent à agir sous l'influence de facteurs externes et à répéter inutilement leurs actions (on dit qu'ils persévèrent). Ils semblent ainsi avoir perdu leur volonté. Cette caractéristique prend parfois des proportions très importantes, de telle manière que ce sont les objets de l'environnement qui vont guider les actions de la personne : on parle alors de comportement d'utilisation au cours duquel elle subit une influence directe et irrépressible de ces objets (par exemple la présence d'un stylo sur la table peut conduire un patient présentant une lésion frontale à saisir ce stylo et éventuellement à écrire).

Or ces différentes anomalies sont également rencontrées chez les patients schizophrènes. Cette constatation, ainsi que les résultats de l'étude par les techniques de neuro-imagerie de leur fonctionnement cérébral, apporte des arguments en faveur de l'altération du fonctionnement frontal dans la schizophrénie. Les tâches de mémoire de travail effectuées par les schizophrènes montrent un déficit (une épreuve simple consiste à faire répéter une série de chiffres à l'envers, en commençant par 2 et en augmentant progressivement leur nombre ; les schizophrènes parviennent à répéter à l'envers moins de chiffres que les sujets sains) ; les tâches d'anticipation, telles que celle qui a été décrite plus haut, effectuées par les schizophrènes montrent également un déficit. Il est ainsi probable que l'impossibilité d'utiliser correctement les informations nécessaires pour anticiper un événement à venir conduise les patients schizophrènes à ne pas planifier correctement leurs actions et à ne pas pouvoir mener de front deux séquences d'actions. Ce dernier point est assez frappant dans la schizophrénie : alors que nous sommes tous capables de nous engager dans plusieurs séquences d'actions simultanées (par exemple mener une conversation, tout en veillant à la bonne cuisson d'un plat et en allant ouvrir après avoir entendu la sonnerie de la porte principale), les personnes schizophrènes sont en grande difficulté pour agir de cette manière.

Il est clair qu'une intégration anormale du temps qui passe pourrait être impliquée dans la schizophrénie, ainsi que le montrent à la fois les résultats des études évoquées dans ce chapitre et ceux qui l'ont été dans le chapitre sur les symptômes positifs. Minkowski avait évoqué une telle anomalie et avait décrit le cas de patients rapportant un vécu anormal du déroulement du temps (il s'agissait de personnes souffrant de schizophrénie ayant l'impression que le temps s'arrête ou se met à passer plus vite que d'habitude). Il est clair que la schizophrénie est associée à une altération de la capacité à organiser son comportement et il est flagrant que cette altération va souvent de pair avec des difficultés à exprimer les émotions adéquates au contexte : dans ce cas les émotions de la personne sont dites discordantes ; par exemple, un schizophrène va éclater de rire alors qu'on lui annonce un décès. Or ces difficultés émotionnelles peuvent également être interprétées en termes de difficultés d'intégration des informations de nature émotionnelle avec les éléments rationnels du discours et du comportement de la personne.

Chapitre 5

Les causes et les mécanismes de la schizophrénie

Une origine multifactorielle

Au-delà d'une traditionnelle discussion entre le rôle de l'inné et de l'acquis, la question des causes de la schizophrénie ne peut être envisagée de manière simple et univoque. En effet, ce chapitre montre que ce trouble ne répond certainement pas à une cause unique, mais à un ensemble de facteurs (en particulier génétiques et environnementaux précoces) se combinant pour réaliser ce que l'on appelle une vulnérabilité. Cela signifie concrètement que, d'une part, les personnes souffrant de schizophrénie ne sont pas nées malades, mais qu'elles présentaient d'emblée une plus grande susceptibilité que les autres de développer cette maladie et que, d'autre part, pour s'exprimer, cette fragilité doit parfois être révélée par l'intervention de facteurs stressants de divers ordres (traumatismes, conflits, etc.). Plus la fragilité est importante, moins l'intervention de facteurs stressants sera nécessaire pour provoquer l'entrée dans la maladie. Dans de nombreux cas, aucun facteur de stress patent ne peut être identifié. *A contrario*, dans d'autres situations, on retrouve une histoire difficile dont on peut penser qu'elle ne joue qu'un rôle de révélateur et non un rôle causal dans le développement de la maladie. Nous verrons plus loin quels sont les arguments en faveur du développement précoce d'une fragilité (ou vulnérabilité) à la schizophrénie, puis nous aborderons les causes de cette fragilité.

Envisager les causes de la schizophrénie n'a un sens qu'à partir du moment où l'on tente de les articuler avec les mécanismes impliqués dans la production des symptômes. En effet, la seule démarche utile dans ce domaine consiste à envisager quelles anomalies de structure du cerveau entraînent ces causes, quelles anomalies du fonctionnement y sont associées et quels symptômes résultent de ces anomalies de fonctionnement. Le lien entre anomalies de structure et anomalies de fonctionnement implique, d'une part, des facteurs biochimiques et, d'autre part, des facteurs cognitifs, largement envisagés plus haut. Il est très probable que des troubles de la connectivité cérébrale (c'est-à-dire des connexions anormales ou insuffisantes entre neurones) sont au centre des anomalies structurales et sous-tendent les anomalies du fonctionnement cérébral.

Une recherche très active est actuellement conduite dans le domaine de la schizophrénie. Un de ses objectifs est de définir les mécanismes et les causes des troubles des patients, afin de mieux les prendre en charge. Les données recueillies depuis plusieurs décennies montrent qu'une combinaison de facteurs génétiques, développementaux et environnementaux intervient dans la genèse de la maladie, comme cela va être évoqué plus bas. Toutefois, si différentes anomalies ont pu être mises en évidence dans la structure et le fonctionnement du cerveau des patients souffrant de schizophrénie, la question du lien entre ces anomalies et les symptômes est encore un sujet d'étude intense. Or l'étude des mécanismes cognitifs (c'est-à-dire de la manière dont le cerveau traite les informations) en jeu dans la schizophrénie permet de comprendre ce lien. En effet, certaines anomalies spécifiques du fonctionnement du cerveau rendent les sujets qui en sont atteints plus susceptibles de présenter des symptômes donnés.

La schizophrénie est trop hétérogène pour pouvoir être appréhendée d'un seul bloc et il est peu probable qu'un seul mécanisme fondamental explique toutes ses manifestations. Ceci a légitimement conduit nombre d'auteurs à se consacrer à l'étude de groupes de symptômes (encore appelés syndromes ou dimensions) plutôt qu'à celle de la schizophrénie en tant qu'entité univoque. C'est cette approche qui est valorisée dans ce livre et des mécanismes permettant d'expliquer la production des trois grands ensembles de symptômes ont déjà été proposés dans les chapitres précédents.

Les mécanismes biochimiques de la schizophrénie : le rôle de la dopamine et du glutamate

D'un point de vue chimique, la plupart des spécialistes travaillant dans le domaine de la schizophrénie s'accordent à relier les associations aberrantes (croire, par exemple, que les feuilles qui bougent dans le vent signifient qu'il faut se méfier de quelque chose) qui sous-tendent le délire à la présence d'un excès de dopamine dans le système nerveux central. La dopamine est une substance régulant la transmission des informations entre neurones, dont la présence est indispensable pour qu'un apprentissage se fasse. Le fait que trop de dopamine soit présente pourrait conduire à une sorte d'excès d'apprentissage. Le patient aurait de ce fait tendance à accorder trop d'importance à certains événements. Ce processus pourrait le conduire à penser que la cooccurrence d'événements fortuits a un sens, l'impression qu'un message lui est ainsi délivré (c'est le cas d'Alice, présenté dans le premier chapitre), l'impression qu'il n'est pas compris par les autres, etc. Un événement anodin mal décodé peut ainsi l'amener à croire, par exemple, qu'un complot est fomenté à son encontre et qu'il doit le déjouer. Au total, un excès de dopamine peut donc favoriser l'apparition d'idées délirantes, non fondées sur les éléments de la réalité, du fait d'une trop grande sensibilité aux événements vécus. Cette hyperdopaminergie (intervenant dans le cadre de ce que l'on appelle hypothèse dopaminergique de la schizophrénie), constituerait l'un des facteurs impliqués dans la production des symptômes positifs de cette maladie.

Cette hypothèse dopaminergique est étayée scientifiquement par un grand nombre d'études. En effet, on a observé que le fait d'absorber une substance entraînant la libération de dopamine dans le cerveau (amphétamine, par exemple) pouvait entraîner, chez un sujet sain, des expériences proches des symptômes positifs de la schizophrénie et, chez une personne schizophrène, une aggravation des symptômes existants. *A contrario*, le fait de bloquer l'action de la dopamine (ce que permettent des produits appelés neuroleptiques – utilisés du fait de cette action dans le traitement de la schizophrénie) diminue ces expériences. S'il est clair qu'un excès de dopamine intervient dans la production des symptômes positifs de la schizophrénie, d'autres substances chimiques du cerveau (appelées neuromédiateurs et neurotransmetteurs) jouent également un rôle. La dopamine est particulièrement bien connue et étudiée parce que c'est au niveau de ses récepteurs que les neuroleptiques agissent. Ces médicaments, indispensables au traitement de la schizophrénie ont été découverts en France en 1950 par H. Laborit, au cours de ses recherches sur l'anesthésie.

En effet, au niveau chimique, les processus schizophréniques impliquent non seulement la dopamine, dans le cadre d'un excès de dopamine entraînant une modification radicale de la perception du monde, mais également – entre autres – le glutamate. Le glutamate est un excitateur qui augmente sensiblement la transmission des informations entre neurones. Un processus d'emballement de la transmission d'informations chimiques peut intervenir, allant jusqu'à entraîner ce que l'on appelle une tempête glutamatergique qui est toxique pour le cerveau. Cette donnée constitue une des raisons essentielles de traiter au plus tôt (en particulier par la prescription de neuroleptiques) la schizophrénie en phase aiguë.

Toutefois, ces différentes observations effectuées à un niveau biochimique ne peuvent pas expliquer à elles seules les symptômes de la schizophrénie. Elles ne sont en particulier pas pertinentes pour expliquer les thèmes délirants prédominant chez les patients souffrant de schizophrénie. En effet, avons vu dans le chapitre sur les symptômes positifs que le délire schizophrénique implique avant tout une perturbation du rapport à l'autre. Celle-ci peut s'exprimer de plusieurs manières : par une mauvaise lecture des intentions des autres (les patients pensent que les autres leur en veulent ou les poursuivent), par un vécu d'influence de ses propres idées, intentions, émotions ou actes par les autres (c'est-à-dire avoir l'impression d'être contrôlé par quelqu'un d'autre), par l'audition de voix menaçantes ou enfin par le pouvoir d'influencer les autres à distance. Comprendre ces phénomènes nécessite d'aller plus loin à travers l'étude des mécanismes cognitifs de la schizophrénie.

COMMENT SONT PRODUITS LES SYMPTÔMES ? DE LA HIÉRARCHIE DES FONCTIONS AUX TROUBLES DE LA CONNECTIVITÉ

J. H. Jackson considérait que le cerveau est organisé selon une hiérarchie des fonctions. Pour cet auteur, les fonctions les plus primitives sont contrôlées par des fonctions plus complexes, dites supérieures. Selon sa théorie, une lésion du cerveau peut conduire à une perte des fonctions supérieures (symptômes négatifs) et à la libération des fonctions hiérarchiquement inférieures (symptômes positifs). Cette théorie a le mérite d'offrir une interprétation rationnelle des symptômes psychiatriques qu'elle met, de plus, en perspective avec le fonctionnement du cerveau. Or ce deuxième point est important en soi car le fait de vouloir expliquer la schizophrénie (ou les psychoses) par une simple atteinte des contenus de pensées (donnant une place centrale aux idées délirantes et à la conviction des patients) a longtemps obéré une part fondamentale de la problématique schizophrénique. Si les symptômes schizophréniques ne peuvent être considérés comme dus à des lésions du cerveau au sens anatomique du terme, ainsi que le proposait Jackson, ils sont probablement à mettre en rapport avec des anomalies de son fonctionnement (et en particulier des anomalies des liaisons – ou connexions – entre les neurones) comme l'illustre la figure 3, page suivante.

Depuis Jackson, l'usage des termes « positifs » et « négatifs » a évolué. Ils sont actuellement employés de manière essentiellement descriptive (et ne présument plus des mécanismes de production des symptômes en question) pour désigner les comportements ou idées/pensées en plus (symptômes positifs) ou en moins (symptômes négatifs) par rapport à ce que l'on considère comme un fonctionnement normal.

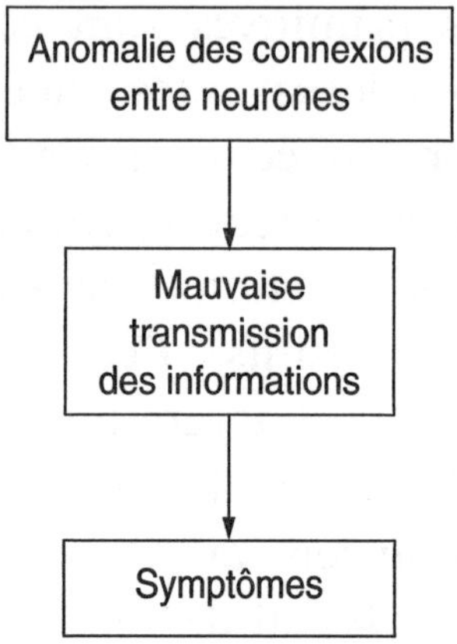

Figure 3. Rôle des anomalies de la connectivité dans la production des symptômes schizophréniques : une mauvaise communication entre des zones spécifiques du cerveau pourrait aboutir à la production d'un excès ou d'un défaut de certaines pensées ou actions.

DU CERVEAU À LA PENSÉE : LES MÉCANISMES COGNITIFS EN ŒUVRE DANS LA PRODUCTION DES SYMPTÔMES

Trois niveaux différents (voir figure 4, p. 108) ont chacun leurs mécanismes de fonctionnement tout en entretenant un certain degré de dépendance vis-à-vis des deux autres : le niveau clinique (celui des pensées – qui constituent des symptômes lorsqu'elles deviennent anormales ou gênantes), le niveau de la structure cérébrale (organisation architecturale du cerveau au sein de laquelle on observe les éventuelles anomalies de connectivité qui viennent d'être évoquées) et le niveau cognitif (le niveau du traitement de l'information par le cerveau). Ce dernier niveau occupe une place centrale et son étude permet de comprendre comment le cerveau est impliqué dans la production des pensées, des actions, des émotions et, partant, des symptômes. On peut comparer ces trois niveaux au fonctionnement d'un ordinateur : le niveau cérébral correspond à la machine physique (le matériel informatique : disque dur, processeur, cartes mémoires, etc.), le niveau cognitif aux programmes qui y sont implantés (software) et le niveau clinique aux productions visibles sur l'écran. Les flèches qui remontent signifient, d'une part, que le fait de penser certaines choses peut modifier la manière dont le cerveau traite les informations qui lui sont fournies (par exemple, attendre avec impatience quelqu'un peut conduire à prendre pour lui un inconnu ayant une certaine ressemblance) et, d'autre part, que le fait de mettre en œuvre certaines opérations cognitives peut modifier – de manière certes minime ou très progressive – la structure du cerveau (en permettant la création de nouvelles connexions entre les neurones ou au contraire en favorisant leur disparition). Ce dernier point marque la différence entre le cerveau de l'homme, qui se structure en fonction de son utilisation et l'ordinateur (la constitution de la machine étant définie une fois pour toutes – du moins sans intervention extérieure telle qu'un ajout de composant : barrette de mémoire, disque dur, etc.).

L'ensemble des symptômes présentés par un patient est expliqué, dans cette perspective, par la juxtaposition de différentes anomalies cognitives, chacune générant des symptômes précis. Lorsque l'on raisonne dans cette perspective, il est indispensable d'aborder la question dimension par dimension, syndrome par syndrome. La

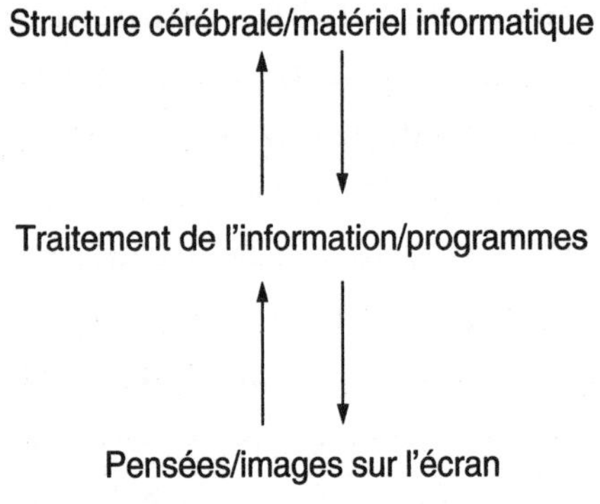

Figure 4. Du cerveau à la pensée (comparaison avec le fonctionnement d'un ordinateur).

structure de ce livre a été déterminée par cette conception. Par ailleurs, cette approche pourrait se révéler plus fructueuse pour améliorer les prises en charge. Obtenir une meilleure compréhension des processus qui conduisent au développement de la schizophrénie pourrait, en effet, permettre à terme d'améliorer les traitements qui sont proposés aux patients. Enfin, le fait d'articuler les niveaux psychologique et cérébral permettra seul une amélioration de la prise en charge de la schizophrénie. L'avenir de la psychiatrie se joue dans cette indispensable coopération entre sciences humaines et neurosciences, hors des conflits qui opposent trop souvent les partisans dogmatiques de l'une ou l'autre de ces deux écoles.

LA RECHERCHE DES CAUSES DE LA SCHIZOPHRÉNIE

Dès le début du XXe siècle, Kraepelin soutenait que la démence précoce (c'est ainsi que s'appelait la schizophrénie jusqu'au travail essentiel réalisé par Bleuler sur le concept de démence précoce) était la conséquence de lésions anatomiques spécifiques. Il a néanmoins cherché en vain à les identifier. Son équipe, à laquelle appartenait Alzheimer, a appliqué les mêmes méthodes à la démence sénile avec laquelle elle a eu plus de succès. Il est certain que les moyens techniques disponibles à cette époque ont grandement limité les investigations.

À la suite de cet échec relatif – car si des anomalies ont pu être mises en évidence, elles n'étaient ni spécifiques ni reproductibles –, les spécialistes ont à l'époque temporairement renoncé à chercher la cause de la schizophrénie dans le cerveau (certains ont même écrit que la schizophrénie était un tombeau pour les neuropathologistes) et se sont tournés vers la recherche de causes psychologiques. Plus tard, l'étude du cerveau a été rendue possible par le développement de techniques sophistiquées telles que le scanner et l'IRM.

La schizophrénie est un phénomène hétérogène qui peut être appréhendé dans sa complexité par l'explication de ses mécanismes intimes. Le parti pris de cet ouvrage consiste à ne pas aborder la schizophrénie sous l'angle des mécanismes psychologiques qu'elle peut impliquer, mais à s'intéresser à la dimension neurocognitive de ce trouble, c'est-à-dire au rôle joué par la structure du cerveau et par son fonctionnement. En d'autres termes, on se demande quels processus font que le patient va se retrouver envahi par certaines pensées ou par certains ressentis. Selon cette approche, largement favorisée dans les chapitres précédents, il n'est pas question des contenus de pensée (des préoccupations du patient ou du poids de son histoire personnelle), mais des processus sous-tendant l'existence de ces pensées (de la manière dont le cerveau traite les informations dont il dispose). Cette conception ne permet pas d'expliquer, par exemple, pourquoi tel patient est persécuté par telle personne en particulier (ceci étant notamment en rapport avec les liens qu'il a noués avec les personnes qu'il fréquente), mais pourquoi ce patient est susceptible d'être persécuté en général (cette propension à la persécution pouvant être favorisée par une manière anormale de traiter les informations en provenance de l'environnement, c'est-à-dire des processus cognitifs anormaux).

Les facteurs psychologiques

Plusieurs hypothèses ont été élaborées pour tenter d'expliquer la schizophrénie par des causes psychologiques. Cependant aucune d'entre elles n'a pu être démontrée et elles sont maintenant abandonnées par la plupart des spécialistes. On considère en effet, comme cela a été évoqué plus haut, que les facteurs psychologiques viennent essentiellement révéler une vulnérabilité antérieure. On a donc renoncé – en tant que causes exclusives en tout cas – aux hypothèses développées dans le cadre de l'étude de la relation du patient à son entourage, parmi lesquelles figuraient celle de la mère schizophrénogène, à la fois trop protectrice et hostile envers son enfant, celle du rôle schizophrénogène de certains troubles conjugaux, tels que la domination d'un des parents par l'autre ou l'opposition de leur désir qui génère un conflit de loyauté chez l'enfant, ainsi que celle d'une communication paradoxale (laissant le futur schizophrène face à des choix impossibles car tous réprouvés). Ces hypothèses ont conduit à tort à culpabiliser les parents en les rendant responsables de la schizophrénie de leur enfant. L'approche des familles est actuellement tout à fait différente, l'objectif étant de les rendre partenaires du soin, tout en prenant en compte leur souffrance.

S'il est actuellement admis que des facteurs psychologiques ne peuvent générer la schizophrénie, il est clair que certains peuvent néanmoins favoriser l'entrée dans la maladie et jouer un rôle dans le déclenchement des rechutes. Plusieurs arguments étayent cette constatation. Tout d'abord, l'entrée dans la schizophrénie est souvent précédée de quelques semaines d'un événement de vie stressant. La comparaison à des personnes de la population générale montre que ces événements sont significativement plus fréquents chez les futurs schizophrènes (cela ne veut pas dire que les schizophrènes sont plus exposés à ce genre d'événements, mais qu'ils y résistent moins bien). De même, ces événements sont fortement liés à l'évolution de leurs symptômes au cours du temps. Des facteurs psychologiques contribuent donc apparemment à précipiter l'évolution de la schizophrénie, voire à l'engager. Leur rôle vient compléter celui joué par d'autres facteurs, nécessairement organiques.

Facteurs structuraux (anomalies des volumes cérébraux et anomalies microscopiques)

Les principaux arguments en faveur du rôle joué par l'architecture du cerveau dans les troubles schizophréniques sont morphologiques, biochimiques et génétiques. Du point de vue morphologique, des anomalies cérébrales (dont Kraepelin pressentait l'existence) ont pu être mises en évidence, aussi bien aux niveaux macroscopique que microscopique.

L'étude de la structure macroscopique du cerveau des patients est réalisée à l'aide des techniques de neuro-imagerie : scanner et imagerie par résonance magnétique (IRM). Les recherches ont montré des altérations dont l'intensité est très variable d'un patient à l'autre. Les données que nous allons évoquer sont donc – nécessairement – des moyennes. Cela signifie que certains patients ont des caractéristiques normales et d'autres des caractéristiques modifiées, le poids des modifications existant chez ces derniers suffisant à modifier les résultats moyens. Cette précision est d'importance, car elle signifie que les anomalies observées ne sont pas spécifiques de la schizophrénie et ne peuvent pas être utilisées pour son diagnostic. Leur étude relève de la recherche et elle vise à permettre de mieux comprendre l'origine de ce trouble. Ceci explique que, s'il est indispensable de réaliser un examen de neuro-imagerie au début de la schizophrénie, ce n'est pas pour caractériser celle-ci mais pour éliminer un autre diagnostic pouvant s'exprimer par des symptômes proches.

Le volume de différentes régions du cerveau est modifié (en moyenne, comme cela a été précisé) chez les patients souffrant de schizophrénie. Si l'on considère les régions concernées, on observe que le volume du lobe temporal, celui du complexe amygdalo-hippocampique (situé en profondeur dans le lobe temporal ; voir figure 2, p. 70) et celui du cerveau total sont légèrement réduits. Ces réductions de volume de la substance cérébrale vont de pair avec une augmentation consécutive des espaces liquidiens situés autour ou à l'intérieur du cerveau (cela signifie que l'espace qui n'est plus occupé par les neurones ou les fibres qui relient les neurones entre eux se remplit de liquide céphalorachidien). On peut ainsi observer une augmentation du volume de ce que l'on appelle les ventricules latéraux (c'est-à-dire des cavités liquidiennes situées à l'intérieur de chaque hémisphère cérébral).

Ces anomalies de la structure du cerveau sont retrouvées aussi bien chez les personnes récemment entrées dans la schizophrénie que chez celles qui souffrent de cette maladie depuis longtemps. Cela signifie qu'elles ne sont pas ou peu évolutives. Cette observation va de pair avec la constatation que l'atteinte de la mémoire et de l'attention des schizophrènes (en particulier ceux qui ne vivent pas en institution) semble stable au cours du temps. Les données recueillies dans ce domaine vont majoritairement à l'encontre de l'hypothèse d'un processus évolutif. Toutefois, elles doivent être nuancées car certaines études mettent en évidence une diminution des volumes cérébraux au cours de l'évolution schizophrénique. Cette constatation s'applique en particulier à la schizophrénie débutant dans l'enfance, dont on a montré qu'elle est parfois associée à un élargissement ventriculaire progressif. Au total, il existe sans conteste des anomalies cérébrales dès le début de la schizophrénie, mais il reste à déterminer dans quelle mesure elles continuent à s'aggraver après. Ces données mettent en évidence l'existence d'anomalies du cerveau préalables à l'entrée dans la maladie. Ces anomalies constitueraient une partie du support organique de la vulnérabilité à la schizophrénie. Toutefois, ce processus ne serait pas figé, mais susceptible d'évoluer au cours du temps (du moins chez certains patients).

Alors que scanner et IRM mettent en évidence des anomalies du cerveau à l'échelle de l'organe, l'étude au microscope de cet organe révèle des anomalies des neurones et de leurs connexions. Lorsque l'on observe les caractéristiques microscopiques du cerveau des schizophrènes, on remarque l'existence de neurones mal positionnés, de taille anormale et désorganisés, au niveau du cortex frontal et temporal en particulier. Or ces zones sont impliquées dans la prise de décision, l'acquisition de nouvelles connaissances, leur utilisation, les interactions avec les émotions, la gestion de ces émotions et le stockage de données en mémoire, qui sont des fonctions altérées dans la schizophrénie. Ces altérations microscopiques réalisent le soubassement des anomalies macroscopiques décrites plus haut.

Anomalies du développement du cerveau

Le fait que les anomalies du cerveau observées dans la schizophrénie soient présentes dès le début de la maladie est en faveur d'un trouble du développement du cerveau et non d'une atteinte tardive du cerveau. En effet, si les anomalies cérébrales schizophréniques étaient concomitantes de l'entrée dans la maladie (donc dégénératives), elles devraient s'accompagner de certains signes spécifiques, tels qu'une prolifération des cellules gliales (cellules de soutien des neurones) qui caractérise toutes les cicatrisations cérébrales et qui est un signe cardinal d'une dégénérescence neuronale. Or cette prolifération n'est pas observée dans la schizophrénie.

Si les anomalies cérébrales de la schizophrénie ne sont pas dégénératives, elles sont nécessairement liées à une anomalie du développement. Il existe d'autres arguments en faveur d'un trouble du développement du cerveau. Parmi eux, citons les anomalies de l'asymétrie du cerveau ; en effet, étant donné que cette asymétrie se constitue durant le deuxième trimestre de la grossesse, une asymétrie anormale peut être considérée comme la conséquence d'un trouble du développement. Le fait que les altérations cérébrales sont plus importantes dans l'hémisphère gauche que dans le droit peut être dû à la relative lenteur de développement de l'hémisphère gauche, ce qui le rend plus vulnérable aux agressions. Cela signifie que ces anomalies sont présentes dès la naissance, c'est-à-dire bien avant le début de la maladie.

D'autres arguments viennent appuyer l'hypothèse d'une anomalie mineure du développement dans la schizophrénie. Tout d'abord, différentes protéines en rapport avec le développement du cerveau sont anormalement produites dans le cerveau des patients. D'un point de vue embryonnaire, le cerveau étant issu du même feuillet originel que la peau, différentes anomalies morphologiques, non seulement au niveau de la tête mais également au niveau cutané, ont été recherchées et certaines ont pu être mises en évidence. Par ailleurs, des anomalies du nombre et du positionnement des sillons séparant les différentes circonvolutions cérébrales ont été rapportées. Or le processus qui aboutit à la constitution des sillons et des circonvolutions est essentiellement à l'œuvre pendant le deuxième trimestre de la grossesse.

Ces anomalies de diverses natures sont donc des indicateurs d'un développement intra-utérin perturbé. Il est toutefois important de noter que ces anomalies ne sont pas spécifiques de la schizophrénie et qu'on les retrouve, par exemple, dans les infections virales contractées au cours de la grossesse. Ce sont, en fait, de simples stigmates d'un développement anormal, quelles que soient par ailleurs sa cause et son expression clinique. Une atteinte précoce du cerveau qui affecterait son développement pourrait donc favoriser le développement ultérieur d'une schizophrénie.

Comment expliquer l'expression tardive (à l'adolescence ou chez l'adulte jeune) d'anomalies qui existeraient dès la naissance ?

À ce niveau une apparente contradiction doit être envisagée. En effet, les anomalies morphologiques qui ont été décrites sont très probablement présentes dès la naissance. En ce cas, pourquoi ne s'expriment-elles pas dès ce moment, mais quinze à vingt-cinq ans plus tard (la schizophrénie ne se manifestant qu'à l'adolescence ou chez l'adulte jeune) ? Il est tout d'abord possible que certaines compétences déficitaires dans la schizophrénie ne soient pas utilisées avant cet âge-là. En effet, l'adolescence et la postadolescence correspondent à une période de l'existence où des choix doivent être faits (déterminer sa profession, affirmer sa position face à ses parents, trouver un partenaire, etc.). D'autre part, l'organisme est soumis à des changements importants (en particulier une maturation hormonale et cérébrale) à ce moment-là. Les processus de maturation psychique, hormonale et cérébrale, en œuvre à l'adolescence, dévoileraient donc des anomalies pouvant préexister au déclenchement de la maladie et rester latentes jusqu'à leur intervention. Du point de vue cérébral, certaines aires corticales ne sont pas sollicitées durant l'enfance. On sait, de plus, que la myélinisation des circuits cérébraux (c'est-à-dire le développement de gaines qui entourent les neurones et ont pour rôle d'augmenter la vitesse de l'influx nerveux) se prolonge jusqu'à l'adolescence, en particulier au niveau de l'hippocampe. Ceci pourrait expliquer comment une anomalie touchant très tôt cette zone pourrait ne s'exprimer qu'à cet âge. Ces données permettent ainsi d'interpréter le déclenchement de la schizophrénie comme dû à la rencontre d'une fragilité inscrite dans un organe (le cerveau) avec des facteurs venant éprouver les capacités de l'individu aussi bien au niveau psychologique que physiologique. De plus, les signes précédant l'entrée dans la maladie, évoqués dans le premier chapitre, pourraient être l'expression précoce de cette fragilité.

Il existe des modèles animaux d'un tel déclenchement retardé de lésions précoces. En effet, chez le singe, la lésion du cortex préfrontal dorsolatéral (une région dont le fonctionnement est altéré dans la schizophrénie) durant la période prénatale n'entraîne aucune diminution des performances jusqu'à la maturité sexuelle, alors qu'une lésion de la même région deux mois après la parturition entraîne une baisse plus précoce des performances. Cette étude montre deux choses. Tout d'abord, plus les lésions sont réalisées tôt, meilleures sont les performances, la plasticité cérébrale diminuant avec l'âge ; ensuite, des lésions frontales précoces peuvent ne pas avoir d'expression clinique immédiate. Ce deuxième résultat conforte l'hypothèse neurodéveloppementale de la schizophrénie.

Des observations du même ordre ont été faites avec les régions temporales du cerveau. En effet, une lésion de l'hippocampe (situé dans le lobe temporal du cerveau et jouant un rôle important dans la mémorisation

– fonction atteinte dans la schizophrénie) au moment de la naissance du singe peut rester latente jusqu'à l'âge adulte et se manifester à ce moment-là par une diminution du temps passé avec les congénères et l'apparition de mouvements anormaux répétitifs (deux caractéristiques pouvant s'apparenter aux troubles des relations sociales et aux troubles moteurs dont souffrent fréquemment les schizophrènes).

D'autres mécanismes plus tardifs pourraient intervenir dans la genèse de la schizophrénie, leurs effets venant révéler l'anomalie du développement. Parmi ces mécanismes (dont certains pourraient d'ailleurs être des conséquences tardives du trouble du développement), certains pourraient impliquer une élimination anormale de certaines connexions entre neurones (les synapses). On sait en effet qu'après une augmentation durant l'enfance, la densité synaptique préfrontale diminue au cours de l'adolescence et à l'âge adulte. Chez le sujet sain, ce processus d'élimination synaptique est mis en œuvre pour éliminer les connexions inutiles. Une altération de ce processus pourrait hypothétiquement participer à l'apparition des symptômes schizophréniques lors de l'entrée dans la maladie à l'âge adulte. La mise en évidence par plusieurs équipes et plusieurs techniques d'une densité synaptique anormale dans le cortex préfrontal des patients schizophrènes est un argument en faveur de cette hypothèse.

Causes hypothétiques de l'anomalie du développement

Les causes des anomalies du développement associées à la schizophrénie pourraient résider dans le patrimoine génétique, ainsi que dans des facteurs intervenant pendant la grossesse ou au moment de l'accouchement. En effet, une anomalie du développement du cerveau est nécessairement due à l'intervention de facteurs agissant précocement, au moment de la croissance de cet organe.

Ces facteurs sont probablement la résultante d'une interaction entre des facteurs génétiques et des facteurs environnementaux précoces. Le fait que le vrai jumeau d'un patient schizophrène (qui partage le même patrimoine génétique que lui) ait un risque considérablement augmenté, par rapport à la population générale, d'être lui-même schizophrène est un argument fort en faveur du rôle joué par ces facteurs. Cet argument est d'autant plus fort que le risque est le même si ce jumeau a été élevé séparément dès la naissance (ainsi que le montrent les études d'adoption). Un autre argument consiste dans l'observation que le vrai jumeau non schizophrène d'un schizophrène transmet le risque à ses enfants comme s'il était lui-même atteint. *A contrario*, le fait que, pour le vrai jumeau d'un patient, le risque d'être malade ne soit pas de 100 % mais d'environ 50 % témoigne du caractère complexe et plurifactoriel de l'origine de la schizophrénie. En effet, deux vrais jumeaux devraient avoir tous deux la maladie ou en être tous deux exempts si seuls leurs gènes intervenaient dans le développement de leur maladie.

L'hypothèse de l'altération d'un gène impliqué dans le développement cérébral ou dans les processus de neurotransmission a été largement explorée. De nombreuses régions chromosomiques ont été considérées, mais il semble qu'aucune d'entre elles ne joue un rôle déterminant à elle seule. Il est d'ailleurs possible que les gènes en question ne soient pas directement responsables des anomalies du fonctionnement ou de la structure du cerveau mais qu'ils le fragilisent de telle sorte qu'il ne soit plus en mesure de résister à une agression intervenant pendant la grossesse ou au moment de l'accouchement. Le fait qu'un jumeau atteint ait des ventricules cérébraux plus volumineux et moins de substance grise au niveau des lobes temporaux que son jumeau sain montre, d'ailleurs, que des facteurs non génétiques interviennent dans le développement des anomalies de la structure cérébrale.

Par ailleurs, il est essentiel de ne pas perdre de vue que l'étude des facteurs génétiques d'une maladie quelconque requiert au préalable une connaissance détaillée de ladite maladie, de ses manifestations et surtout de son homogénéité. Or la schizophrénie n'est pas une affection homogène (elle se caractérise au contraire par une multiplicité des symptômes et des tableaux cliniques et donc le fait que deux patients schizophrènes peuvent très bien n'avoir aucune manifestation en commun), ce qui complique singulièrement son étude génétique. Il paraît plus probable qu'un gène donné intervienne dans une dimension schizophrénique que dans la schizophrénie en tant qu'ensemble imprécis. De plus, certains gènes ont un effet additif dans l'expression des symptômes de la maladie. Il est donc faux non seulement de considérer qu'un gène peut causer la schizophrénie (l'étude de la génétique de la schizophrénie n'a pas mis en évidence de gènes jouant à eux seuls un rôle décisif dans la genèse de la maladie), mais également qu'un gène peut directement causer un symptôme. Il est rationnel de ne pas considérer les gènes impliqués comme directement responsables de certains symptômes, mais comme jouant un rôle dans des anomalies spécifiques du traitement de l'information pouvant favoriser l'expression de ces symptômes. L'approche dite de génétique cognitive repose sur ce principe ; elle consiste à faire le lien entre l'expression d'un gène et la clinique par l'intermédiaire des fonctions cognitives pouvant être impliquées dans la genèse des symptômes.

Les modèles actuels des causes de la schizophrénie sont polygéniques et multifactoriels : on considère que plusieurs gènes contribuent au développement de la schizophrénie. Les études ont attiré l'attention sur un certain nombre de régions chromosomiques dont le bras court du chromosome 8 et le bras long du chromosome 22 (rappelons que chaque chromosome est constitué de deux bras : un long et un court). Plus précisément, certains gènes portant des noms peu explicites (au premier abord, du moins) tels que DTNBP1, NRG1, RGS4, COMT, proDH, BDNF et DISC1 ont été impliqués. Ces gènes sont impliqués à divers titres dans la transmission des informations entre neurones ou dans le développement du cerveau.

À côté de ces facteurs génétiques, des facteurs appelés environnementaux précoces pourraient également favoriser les anomalies du développement cérébral. On appelle facteurs environnementaux précoces tous les facteurs extérieurs au fœtus pouvant intervenir au moment où son organisation cérébrale se met en place, c'est-à-dire au deuxième trimestre de la grossesse. Ces facteurs pourraient modifier l'architecture neuronale. Divers événements, en particulier de la fièvre ou une infection durant la grossesse, pourraient agir sur le fœtus pour entraîner un tel résultat. En faveur de cette hypothèse, on retient l'observation que les schizophrènes naissent légèrement plus souvent en hiver et au printemps (ce qui correspond à un deuxième trimestre de la grossesse durant l'automne ou l'hiver, saisons froides et, de plus, saisons des épidémies) et ceci d'autant plus que l'hiver a été froid. Cet effet des saisons disparaît dans les pays équatoriaux où il existe peu de variations de température entre les différentes périodes de l'année.

Quels sont les facteurs susceptibles d'exercer un effet saisonnier sur le développement fœtal ? On peut envisager que la survenue d'infection chez la mère pendant sa grossesse peut jouer un rôle. Le développement du cerveau du fœtus pourrait être altéré de plusieurs manières : par le passage de l'agent infectieux dans l'utérus ; par des effets non spécifiques de la fièvre ; par le passage d'anticorps maternels à travers la barrière placentaire (ces anticorps pourraient jouer le rôle d'anticorps anticérébraux) ; ou enfin par un hypothétique effet des antalgiques pris par la mère. Tout ceci reste assez spéculatif, mais certaines observations scientifiques viennent rendre plausibles ces différentes hypothèses. Il a en effet été observé que la prévalence de la schizophrénie est augmentée chez les sujets dont la mère a été exposée au virus de la grippe pendant le deuxième trimestre de leur grossesse. Toutefois, il est important de noter qu'il s'agit d'effets statistiques (au demeurant relativement réduits), mis en évidence sur de grands échantillons. Il n'y a donc pas lieu de s'alarmer lorsqu'une future mère présente la grippe pendant sa grossesse car le risque pour son enfant reste très faible. D'ailleurs, on ne sait pas du tout pourquoi certains rares enfants de mères infectées deviennent schizophrènes. On ne sait pas non plus exactement comment le virus de la grippe pourrait exercer un effet sur le développement du cerveau.

À côté de ces facteurs saisonniers, des facteurs nutritionnels peuvent gêner le développement du cerveau du fœtus. En faveur du rôle de ces facteurs, une augmentation de la fréquence de la schizophrénie a été retrouvée chez les enfants de mères ayant souffert très fortement de la faim durant leur grossesse. En cas de famine sévère, le risque d'avoir un enfant schizophrène peut même être doublé. La carence alimentaire pourrait agir directement sur le développement du cerveau ou impliquer une augmentation du risque infectieux causé par cette carence.

Des facteurs plus tardifs, intervenant au moment de l'accouchement, pourraient également jouer un rôle. On sait en effet que la naissance des futurs schizophrènes est associée à plus de complications obstétricales que celle des sujets exempts de cette maladie. Les neurones de l'hippocampe étant parmi les plus fragiles du cerveau humain, l'hypoxie pourrait léser cette partie du cerveau, dont on a déjà mentionné l'implication dans la schizophrénie. Toutefois, on ne peut formellement éliminer une autre hypothèse visant à expliquer les complications observées lors de la naissance des futurs schizophrènes par le caractère favorisant d'un dysfonctionnement cérébral préexistant. Selon cette hypothèse, ce ne sont pas les complications de l'accouchement qui sont à l'origine des anomalies cérébrales, mais à l'inverse les anomalies cérébrales qui entraînent les complications de l'accouchement. Il est, à ce jour, difficile de faire la part des choses dans le rôle respectif de ces différents facteurs. Un grand nombre d'entre eux peuvent en effet jouer un rôle au cours du deuxième trimestre de la grossesse et de l'accouchement. Ils aboutissent à une majoration modérée du risque de développer une schizophrénie.

Au total, plusieurs types d'arguments étayent l'hypothèse d'une anomalie mineure du développement cérébral, même si aucune cause précise n'a encore pu y être formellement associée. Les principaux arguments sont les suivants : l'existence d'anomalies cérébrales chez les schizophrènes, le fait que ces anomalies ne soient pas ou peu évolutives et soient compatibles avec une altération précoce du développement, le fait que la gestation et la naissance des futurs patients soient marquées par une fréquence élevée de complications, le fait que l'enfance des futurs schizophrènes ne soit pas exempte de toute difficulté, ainsi que le fait que les processus de maturation cérébrale se prolongent jusqu'à l'adolescence, période à laquelle commencent généralement les troubles. On tend actuellement à nuancer cette hypothèse développementale. On considère en particulier qu'elle ne s'applique pas nécessairement à tous les patients et qu'elle ne peut expliquer les troubles de ceux qui n'ont aucune anomalie morphologique. Par ailleurs, il existe des données en faveur du caractère évolutif de certaines anomalies cérébrales (qui ne peuvent, de ce fait, être considérées comme développementales). La coexistence de processus développementaux et dégénératifs est donc probable dans la schizophrénie. Certains chercheurs ont proposé que cette maladie pourrait représenter un trouble neurodéveloppemental progressif.

Enfin, l'entrée dans la maladie est probablement la conséquence de l'intervention de plusieurs facteurs, organiques et psychologiques (voir figure 5, page suivante). Les anomalies développementales, qu'elles soient d'origine génétique ou environnementale, rendraient ainsi plus fragile le fonctionnement cérébral de l'individu, le mettant à la merci de l'action des sollicitations physiologiques (puberté) et psychologiques (autonomisation psychique) vécues à l'adolescence et au début de l'âge adulte.

Bien entendu, tout ce qui vient d'être présenté n'a, à ce jour, qu'une valeur hypothétique, rien n'étant formellement démontré. De plus, ces facteurs sont incriminés à titre collectif (ils reposent sur les résultats d'études, qui consistent en des moyennes) et ils ne sont nullement informatifs sur le cas d'un patient donné

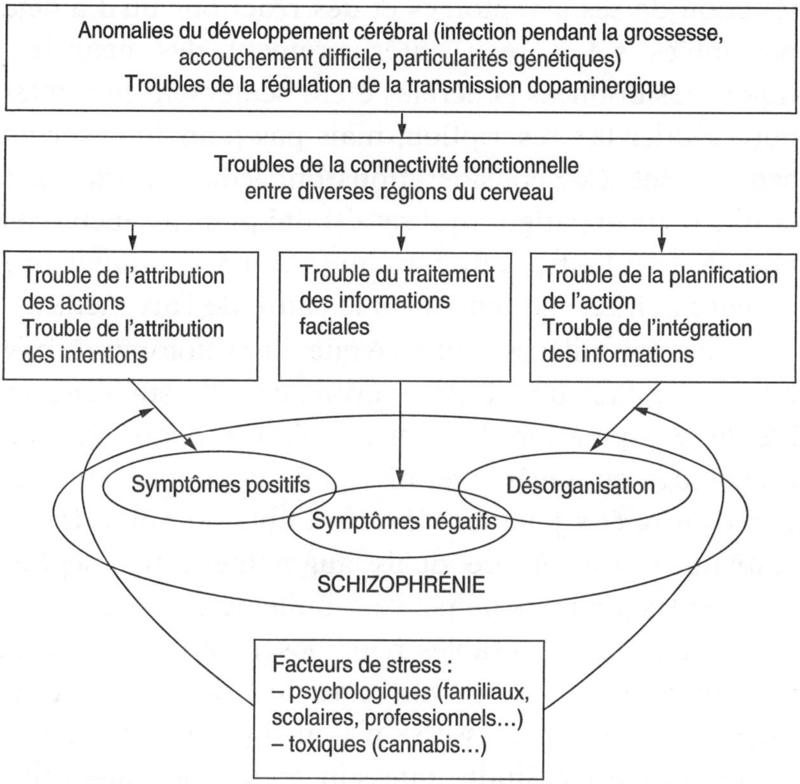

Figure 5. Facteurs causaux intervenant dans la production des trois principales dimensions de la schizophrénie.

qu'il faut analyser pour lui-même. Par exemple, du point de vue de la démarche médicale face à un patient schizophrène, ces éléments ne conditionnent en rien le diagnostic (qui reste basé sur la clinique : vécu et comportement du patient) et peu le traitement (qui est déterminé face à un individu donné présentant telle susceptibilité aux médicaments et non face à un sujet théorique correspondant à la moyenne des sujets inclus dans une étude par exemple). On le traitera donc en fonction de ses symptômes et des réactions qu'il a déjà présentées s'il a reçu antérieurement des neuroleptiques, les données générales étant seulement présentes pour guider la prescription, mais pas pour imposer un cadre strict. Ces considérations ont leur importance à la fois pour le patient (qui sera traité pour lui-même) et pour le psychiatre, qui continue ainsi à pratiquer une démarche interhumaine dans le cadre de l'art médical.

Il est par ailleurs probable que, dans nombre de cas, aucun des facteurs causaux ayant un rôle sur l'ensemble de la population des patients n'est impliqué. Notons au passage que, même au niveau de la population, chacun d'entre eux joue un rôle très faible du point de vue statistique, c'est-à-dire qu'ils augmentent très légèrement le risque mais ne peuvent nullement être considérés comme indispensables pour poser un diagnostic de schizophrénie (*a contrario*, une femme ayant eu la grippe pendant sa grossesse n'a ainsi pas de fondement rationnel pour craindre que son enfant devienne ultérieurement schizophrène). De plus, les mêmes symptômes (correspondant aux mêmes anomalies du traitement de l'information par le cerveau) peuvent exister aussi bien spontanément (ou presque) chez un sujet très vulnérable qu'être déclenchés par des facteurs exogènes (par exemple une prise de cannabis) chez un sujet peu ou pas vulnérable. Il existe donc un compromis entre la fragilité de l'individu et les facteurs de décompensation auxquels il se confronte. Dans cette perspective non stigmatisante, tout le monde est plus ou moins exposé au risque de schizophrénie (il existerait en fait un continuum) et il faut se consacrer en premier lieu à la protection (qui concerne tout le monde et sur laquelle on peut agir activement) avant de s'attarder sur les facteurs de risque (auxquels on ne peut plus rien une fois que la maladie est là, mais dont il faut prévenir ceux sur lesquels nous avons une prise, telles les difficultés d'accouchement ou les infections pendant la grossesse – car même si leur rôle est négligeable au niveau individuel, il doit être pris en considération au niveau collectif et, par ailleurs, il existe bien d'autres raisons que la schizophrénie d'agir sur ces pathologies).

DEUXIÈME PARTIE

Soigner la schizophrénie

Introduction de la deuxième partie

L'hétérogénéité de la schizophrénie rend nécessaire la mise en œuvre de prises en charge sur mesure, adaptées au cas de chaque personne souffrant de cette maladie.

Du point de vue du traitement médicamenteux, la prise en charge de la schizophrénie a subi une véritable révolution il y a un peu plus d'un demi-siècle avec l'apparition des neuroleptiques. L'introduction de ces médicaments, qui exercent une action extrêmement efficace sur les symptômes des patients, a permis l'ouverture des établissements de soins, ainsi que le retour dans la société de patients qui y auraient séjourné de manière extrêmement durable auparavant. Leur utilisation a en effet fortement contribué à transformer les asiles (lieux d'hébergement prolongé, destinés à protéger des sujets inadaptés à la société, mais également à protéger la société de ceux-ci) en hôpitaux psychiatriques (qui sont des lieux de soins destinés à accueillir *temporairement* des patients souffrant de troubles qui sont reconnus comme appartenant au domaine de la maladie et sont accessibles à la thérapeutique). Depuis sa découverte, la classe des médicaments neuroleptiques n'a cessé de s'agrandir avec, en particulier, le développement de substances ayant des effets indésirables moins intenses et moins fréquents, ainsi qu'un spectre d'action plus large (c'est-à-dire une action non seulement sur les symptômes positifs, mais également sur les symptômes négatifs). L'efficacité et la tolérance de ces médicaments, appelés neuroleptiques de seconde génération, sont aujourd'hui solidement établies. Si chacun des produits de cette catégorie, pris individuellement, n'est pas systématiquement efficace pour un patient donné, il existe dans la très grande majorité des cas un neuroleptique (seul ou en association) qui va l'aider grandement, à condition qu'il soit utilisé dans des conditions et à des posologies appropriées. Le patient en tire alors un profit notable, le rapport bénéfice/risque étant très positif. Il faut néanmoins insister sur le fait que ces produits ne sont jamais curatifs, mais qu'ils permettent de suspendre les troubles : ils doivent, de ce fait, être pris régulièrement sur une durée très prolongée pour éviter la réapparition des symptômes.

Par ailleurs, l'action de ces médicaments doit être complétée par celle d'autres techniques visant, d'une part, à modifier la manière dont les patients vivent leurs expériences psychotiques et, d'autre part, à leur permettre de développer une manière adéquate de gérer des situations quotidiennes qu'ils se montrent souvent incapables d'affronter spontanément. Les techniques de psychothérapie cognitive et de réhabilitation psychosociale (apprentissage de compétences sociales, gestion du traitement médicamenteux, etc.) se sont beaucoup développées durant les dernières décennies et elles occupent maintenant une place centrale dans le soin des patients (du moins dans les services dont le personnel est formé). Ces dernières années, d'autres modalités d'intervention, consistant à entraîner les fonctions supérieures altérées (mémoire, attention, fonctions exécutives, voire fonctions plus complexes telles que la théorie de l'esprit ; ce dernier concept a été expliqué dans le chapitre 2) se sont développées. Elles constituent une nouvelle forme de traitement appelée remédiation cognitive. Une fois que les modalités d'utilisation pratique de cette technique auront été précisément définies, elle permettra d'améliorer la capacité des patients à interagir avec leur environnement et à retrouver une vie sociale et professionnelle satisfaisante car l'altération de ces capacités compromet fortement les relations des patients avec les autres et leur implication dans une activité soutenue. Enfin, d'autres méthodes thérapeutiques prometteuses sont en cours d'évaluation. Citons en particulier la stimulation magnétique transcrânienne répétitive qui est une technique de soin encore expérimentale mais ayant montré des résultats intéressants dans le traitement des hallucinations verbales et dont on peut déjà envisager l'utilisation comme traitement symptomatique d'autres manifestations de la schizophrénie.

Certaines formes de schizophrénie sont très invalidantes et nécessitent des soins quotidiens en institution pendant une durée prolongée. Ces placements peuvent être justifiés par le fait que les patients restent très délirants et présentent des troubles du comportement requérant une surveillance permanente ou, au contraire, par une absence totale d'initiative, qui les rend incapables de prendre soin de leur corps ou de s'alimenter seuls et impose un étayage approprié. Alors que l'hospitalisation ne peut que difficilement être interrompue dans le premier cas, une admission en foyer médicalisé est indiquée dans le second cas. En effet, l'hôpital n'est pas toujours en mesure d'aider ces patients ; il propose des soins destinés à traiter la crise plutôt que les déficits car il n'est pas conçu pour offrir un environnement suffisamment diversifié et stimulant pour prendre efficacement en charge ceux-ci. Or il faut éviter une régression trop importante des patients et favoriser, au contraire, la reprise d'une activité intellectuelle et physique plus soutenue, à l'aide de techniques spécifiques. Les services hospitaliers de psychiatrie travaillent en étroite collaboration avec les structures permettant l'accueil au long cours des patients dont un déficit marqué est au premier plan. Ces patients y sont pris en charge par des soignants ou des éducateurs qui emploient des techniques et un mode relationnel développés pour ce type de maladie. À l'issue d'un séjour d'une durée variable, certains se montrent de nouveau capables de vivre de manière autonome hors d'une institution.

Au total, on voit que la prise en charge de la schizophrénie résulte de la combinaison de plusieurs types d'interventions, dont les effets sont complémentaires. Malgré l'utilisation appropriée de ces différents traitements, il peut persister chez certains patients un déficit nécessitant l'ajout de mesures sociales (réinsertion professionnelle, travail en atelier protégé ou en centre d'aide par le travail, attribution d'une allocation pour adulte handicapé, etc.). La prise en charge de la schizophrénie est donc nécessairement bio-psycho-sociale puisqu'elle nécessite le recours à la fois à des médicaments, à des psychothérapies et à un soutien social, primordial pour la réinsertion des patients.

Chapitre 6

L'hospitalisation

Étienne sentait que sa famille préparait quelque chose. Les Autres le mettaient en garde et il distinguait clairement dans leurs paroles répétitives le mot « Attention ! ». Il se sentait complètement absorbé par leurs avertissements quant à l'avenir du monde. Tout lui paraissait d'ailleurs évident, même s'il était incapable de donner un sens global à tous les messages qu'il déchiffrait dans son environnement. Le danger se faisait de plus en plus pressant et toucher sa collection de cailloux ne le rassurait même plus. Dans une dernière tentative, il avait tenté de regrouper tous les meubles de sa chambre derrière sa porte, mais il s'était interrompu sachant que cela ne suffirait pas à le protéger. Il contemplait fixement la poignée de sa fenêtre qui lui apparaissait alors comme un objet doté d'une grande puissance symbolique, lorsque sa mère entra dans la chambre en repoussant à grand-peine l'amoncellement qui aurait dû lui en empêcher l'accès. Elle lui dit nerveusement qu'il devait venir avec elle. Il ne comprit pas la brus-

querie de cette demande, mais il la suivit néanmoins sans chercher à comprendre. Il monta à l'arrière de la voiture sans un mot. Son père prit la place du conducteur et sa mère s'installa non à l'avant mais sur la banquette arrière, à ses côtés. Étienne ne comprit pas ce choix et se dit que décidément ses parents n'allaient pas bien. Il avait déjà remarqué à plusieurs reprises dans les dernières semaines qu'ils faisaient des choses anormales, mais il ne s'en étonnait point car le monde entier lui semblait maintenant différent de ce qu'il avait connu.

Sa mère tint des propos triviaux, probablement dans le but de le rassurer. Elle se fit plus précise lorsqu'elle ajouta qu'ils allaient voir un médecin à l'hôpital (« Encore un ! » se dit-il), qu'il n'y en aurait pas pour longtemps, qu'il devait l'écouter et que, de toute façon, elle ne savait plus comment faire avec lui. Paroles confuses, comme d'habitude... Il se dit qu'il valait mieux laisser faire, que le moment n'était pas venu de leur révéler la vérité. Il eut la conviction que cette heure viendrait sous peu et Ils le renforcèrent dans cette croyance.

Ils franchirent le portail de l'hôpital et laissèrent la voiture au fond d'un parking saturé de véhicules. Ils marchèrent en silence quelques dizaines de mètres avant de se retrouver face à au service d'urgence. La double porte vitrée était close et ses parents durent sonner avant qu'elle ne s'ouvre. À droite, plusieurs personnes vêtues en blanc se tenaient debout derrière un comptoir. Elles leur indiquèrent des fauteuils situés sur la gauche de la pièce. Quatre personnes y étaient déjà installées. L'une d'entre elles, qui paraissait ivre, chantait un refrain qu'Étienne avait entendu étant enfant. Un couple se disputait vigoureusement et un homme d'âge mûr aux vêtements très sales parlait seul et se levait régulièrement avant de se laisser retomber lourdement sur son siège. Ils s'installèrent sur les fauteuils qui restaient et l'une des personnes en blanc vint leur dire que le médecin de garde pourrait les recevoir dans environ une heure et demie. Il leur demanda qui venait consulter, mais nota leur identité à tous trois. Il ajouta qu'il était infirmier et qu'il se tenait à leur disposition en attendant la consultation, puis il retourna derrière le comptoir où il se mit à tapoter sur un clavier.

L'attente parut interminable à Étienne qui supportait difficilement de se retrouver dans un lieu inconnu et aussi peu intéressant que celui-ci. Les vapeurs d'alcool l'incommodaient, ainsi que les discours triviaux des autres personnes qui attendaient. D'ailleurs qu'avait-il à faire ici ? Faire plaisir à ses parents était peut-être un devoir pour lui, mais pas dans n'importe quelles conditions ! De plus, les Autres l'avertissaient d'un danger imminent et il sentait qu'il devait les croire. Étienne savait aussi qu'il ne devait pas parler d'Eux autour de lui et il Les enjoignit de lui faire confiance. Ses parents le dévisagèrent avec inquiétude comme cela était toujours le cas lorsqu'il Leur parlait. Il vit les infirmiers tourner la tête vers lui, puis se regarder de manière entendue. Il se demanda de quoi ils se mêlaient et eut envie de se mettre en colère. Il se retint en pensant à l'inutilité d'une telle réaction.

Un infirmier l'accompagna dans un bureau médical où un psychiatre lui expliqua qu'il allait rester quelque temps à l'hôpital. Il ne dit pas un mot, pensant que toute manifestation d'opposition de sa part était inutile. Quelques heures plus tard, il fut transféré dans un des services de l'hôpital.

Étienne passa plusieurs semaines sur son lit, dans une sorte de perplexité paralysante. Après deux mois de soins, au cours desquels on lui distribua quotidiennement des médicaments et on le fit participer à des activités de groupe au cours desquelles il était incité à s'exprimer, il avait acquis une certaine confiance en les infirmiers et le médecin l'ayant pris en charge. Il lui fut alors proposé de quitter l'hôpital et d'être suivi en consultation sur le centre médico-psychologique du secteur.

Les différentes structures de soins

Le cas d'Étienne n'expose que de manière parcellaire la manière dont les patients schizophrènes ont affaire à l'hôpital puisqu'il met en scène principalement le premier contact établi par l'un d'entre eux avec un service d'urgence psychiatrique, tel qu'il en existe dans de nombreux hôpitaux. Nombre de patients schizophrènes arrivent pas à l'hôpital contraints par leur famille. À l'opposé, beaucoup d'autres vont consulter un psychiatre pour la première fois dans des conditions plus sereines et volontaires. Le cas d'Étienne est intermédiaire : il se montre très réticent du fait de ses hallucinations et de ses idées délirantes et il est, en même temps, relativement docile et se laisse faire au point d'accepter une hospitalisation dont on aurait pu parier au début (lorsqu'il avait tenté de se barricader dans sa chambre) qu'il aurait fallu lui imposer. Comme Étienne, beaucoup de patients schizophrènes sont hospitalisés de leur plein gré en psychiatrie.

La situation de d'Étienne a par ailleurs le mérite de montrer la difficulté qu'ont fréquemment les familles pour amener à l'hôpital leur proche souffrant, car il est en même temps très souvent réticent ou hostile. Il peut arriver que les pompiers ou la police doivent intervenir à domicile et assurer le transfert vers l'hôpital de personnes agitées, voire potentiellement dangereuses quand elles sont envahies d'idées de persécution. En effet, le délire peut les conduire à se comporter d'une manière qu'elles pensent indispensable pour assurer leur survie et celle de leurs proches, alors même qu'aucune menace ne pèse en réalité sur elles. Pour Étienne, ses hallucinations verbales et ses idées de référence (on désigne par cette expression l'impression que le contexte dans lequel se trouve une personne lui destine un message) le conduisent à se sentir en insécurité et à se barricader dans sa chambre. L'étape suivante (si ses parents n'étaient pas intervenus de manière totalement justifiée) aurait peut-être été une aggravation de ces sentiments avec apparition de convictions plus précises et impression qu'il faut neutraliser l'adversaire pour l'empêcher de nuire. Par exemple, un autre jeune schizophrène s'est agité à domicile, convaincu que le diable avait pris possession de sa mère. Sa conviction était fondée sur le fait qu'il entendait la voix du diable provenant du corps de sa mère.

De telles situations ne peuvent se résoudre sans la séparation de la personne souffrante d'avec son entourage. Le seul lieu indiqué pour résoudre la crise est, dans ces situations, le service de psychiatrie prenant en charge la santé mentale des personnes d'un secteur géographique donné (ce service peut être situé soit dans un hôpital psychiatrique, soit dans un hôpital général). En pratique, chaque portion du territoire français est couverte par un secteur donné. Cette répartition géographique permet en théorie d'éviter l'existence de laissés-pour-compte du système. Sur chaque secteur, se trouvent une ou plusieurs structures susceptibles d'accueillir des patients pour des consultations ou des soins à la journée, dans des conditions de proximité généralement satisfaisantes (du moins dans les agglomérations). Les centres médico-psychologiques (ou CMP) dispensent des consultations ; les centres d'accueil thérapeutique à temps partiel (ou CATTP) proposent des activités thérapeutiques programmées, alors que les hôpitaux de jour (ou HDJ) constituent une alternative à l'hospitalisation à temps complet, qui ne peut avoir lieu que sur l'hôpital. L'hospitalisation de jour permet l'accueil à la journée des patients présentant une crise d'intensité modérée. Les patients y sont pris en charge par des infirmiers au sein de groupes ouverts employant des techniques spécifiques (modalités de prise en charge du vécu schizophrénique par des soignants ayant reçu une formation adaptée) ou non spécifiques (activités manuelles, telles que le dessin ou la cuisine, par exemple) et y bénéficient d'entretiens psychiatriques avec les médecins.

Sur chaque secteur géographique, existent des structures de cet ordre (au moins un CMP et éventuellement un HDJ et un CATTP, voire plusieurs CMP si le territoire couvert est vaste), qui sont rattachées à un service hospitalier dont le nombre de lits est variable mais globalement proportionnel au nombre d'habitants de la zone géographique couverte. Il existe deux manières pour un schizophrène d'entrer dans le circuit du soin : soit les symptômes initiaux sont peu bruyants et conduisent sa famille à demander une consultation sur un CMP (il s'agit par exemple d'une jeune personne dont les résultats scolaires ou universitaires baissent et qui paraît de plus en plus insaisissable à ses parents en dehors de tout contexte de conflit) qui pourra éventuellement être suivie d'une hospitalisation acceptée par le patient ; soit, comme dans le cas d'Étienne, la crise est telle qu'une entrée à l'hôpital est inévitable et va devoir se faire sous contrainte. Plus la maladie est identifiée tôt, moins une situation de crise risque de se produire et plus les soins sont vécus comme satisfaisants par le patient et son entourage.

L'hôpital et les structures qui en dépendent représentent l'essentiel du dispositif sur lequel repose la prise en charge médicale des patients schizophrènes.

L'hospitalisation sous contrainte

L'hospitalisation peut se faire sans l'accord du patient. En effet, une personne qui n'a pas conscience d'avoir des difficultés n'a, de fait, aucune raison (de son point de vue, du moins) d'accepter d'aller à l'hôpital. Le cas d'Étienne illustre ce point, puisqu'une hospitalisation sous contrainte aurait pu s'imposer (et d'ailleurs dans un cas comme celui-ci, où le consentement est très superficiel, une telle mesure aurait pu être retenue systématiquement). Cette situation est fréquente et de nombreux patients entrent à l'hôpital contre leur volonté. La contrainte est justifiée par le fait qu'il existe par ailleurs un net bénéfice pour leur sécurité et pour celle de leurs proches. L'arrivée à l'hôpital est toujours complexe dans un tel contexte, ainsi que cela a été évoqué plus haut. Aucune situation ne ressemble à une autre et il faut un grand professionnalisme aux soignants des services d'urgence pour gérer ces situations de grande tension.

La loi du 27 juin 1990 permet la mise en œuvre d'hospitalisations sous contrainte. Elle définit les conditions autorisant l'admission à l'hôpital sans leur consentement de personnes qui présentent des troubles mentaux les amenant à se comporter d'une manière telle qu'elles risquent d'être dangereuses pour elles-mêmes ou pour les autres. La mise en place d'une hospitalisation de ce type exige plusieurs documents : deux ou trois selon que la personne est dangereuse pour elle-même ou pour les autres, les mesures à appliquer étant différentes dans ces deux types de situations.

Lorsque la personne est dangereuse pour les autres, le préfet (ou le préfet de police à Paris) prononce l'hospitalisation par arrêté, au vu d'un certificat médical établi par un médecin n'exerçant pas dans l'hôpital qui va accueillir le patient. La mise en place de ce que l'on appelle alors une hospitalisation d'office (HO) requiert la présence de deux documents (réquisitoire du maire et certificat).

Lorsque la personne est dangereuse pour elle-même, il faut qu'un proche (un membre de la famille généralement, mais il peut aussi bien s'agir d'un ami, d'un voisin ou de toute personne s'inquiétant de manière légitime pour le patient, à l'exclusion des soignants prenant en charge le patient) rédige une demande manuscrite, qui sera complétée par deux certificats médicaux rédigés, pour au moins l'un d'entre eux, par un médecin qui n'appartient pas à l'hôpital qui accueillera le patient. Dans ce cas, la personne est admise selon le mode de l'hospitalisation à la demande d'un tiers (HDT). Il existe quelques variantes en fonction, par exemple, du degré d'urgence de la situation requérant une hospitalisation. Par ailleurs, l'état du patient est réévalué après 24 heures, 15 jours puis un mois (si l'hospitalisation se poursuit jusque-là) et des certificats médicaux sont là encore nécessaires. Lorsque la dangerosité a disparu, la mesure peut être levée ; en ce cas, soit l'hospitalisation n'est plus nécessaire et le patient sort alors, soit il reste à l'hôpital à sa demande (on parle alors d'hospitalisation libre). Les mesures d'HDT ou d'HO peuvent être maintenues pendant la durée de permissions prises hors de l'hôpital (on parle alors de sortie d'essai). Lorsque les soins sont demandés par le patient et qu'il n'y a pas de dangerosité, l'hospitalisation fonctionne sous le même mode que dans n'importe quelle autre spécialité (hospitalisation libre).

Les HDT et HO ne peuvent être mises en place qu'à l'hôpital public (ou – rarement et seulement dans quelques départements – dans certains établissements privés conventionnés), alors que les patients qui demandent eux-mêmes des soins peuvent être hospitalisés aussi bien à l'hôpital qu'en clinique privée. Les services de secteur appartiennent généralement aux hôpitaux psychiatriques (qui représentent l'évolution moderne et médicalisée des asiles départementaux créés au milieu du XIXe siècle), mais certains sont situés au sein d'hôpitaux généraux. Il existe également des unités psychiatriques intersectorielles dispensant des soins spécifiques (souvent centrés sur un type de maladies – par exemple les troubles du sommeil).

Objectifs et modalités de l'hospitalisation en psychiatrie

Chaque hôpital psychiatrique regroupe donc un certain nombre de services de secteur et éventuellement d'autres services venant jouer une action transversale destinée à tous les patients de l'hôpital quel que soit leur secteur (par exemple odontologie, médecine interne, alcoologie, etc.). L'élément fonctionnel de base de l'hôpital est représenté par l'unité de soins. Elle regroupe en général quinze à vingt-cinq lits d'hospitalisation destinés à accueillir les patients du secteur (un secteur peut comporter une seule unité ou plusieurs) pendant des durées pouvant aller de quelques jours à quelques semaines. Ils y reçoivent des soins dispensés par des médecins, des infirmiers et des psychologues, ainsi éventuellement que par d'autres catégories professionnelles lorsqu'elles sont représentées dans le service (aides-soignants, ergothérapeutes, psychomotriciens, etc.). Des assistants sociaux y effectuent également un travail décisif car les maladies mentales (et en particulier la schizophrénie) sont très fortement associées à des difficultés socioprofessionnelles, nécessitant inévitablement leur intervention.

En aucun cas les patients ne peuvent séjourner à l'hôpital de manière durable (sauf si des critères médicaux précis persistent et, en ce cas, les patients séjourneront de préférence dans des unités spécifiquement adaptées à des maladies de longue durée) et chaque indication d'hospitalisation est réévaluée régulièrement. Les seules indications d'hospitalisation prolongée sont associées à la présence de symptômes positifs très marqués pouvant conduire à une dangerosité (*a contrario* des symptômes négatifs très invalidants ne peuvent conduire au maintien des patients à l'hôpital, mais doivent aboutir à leur admission en foyer médicalisé).

Un patient entre à l'hôpital pour des raisons précises et il en sort donc lorsque les critères qui ont prévalu à son hospitalisation ne sont plus remplis. Lorsqu'un patient ne justifie plus d'une hospitalisation, mais ne peut vivre de manière autonome, il relève de structures d'accueil spécifiques non hospitalières qui seront évoquées dans le chapitre sur la réinsertion sociale. On privilégie actuellement les hospitalisations de courte durée afin de ne pas couper la personne de son environnement de manière trop prolongée. Les raisons d'hospitaliser quelqu'un en psychiatrie sont multiples ; pour être prises en considération, elles doivent être associées à l'impossibilité de traiter les troubles observés ailleurs qu'à l'hôpital ou à une plus grande facilité à mettre en œuvre certaines mesures à l'hôpital (par exemple un changement de traitement nécessitant une surveillance médicale intensive). En termes de schizophrénie, les priorités sont de favoriser le maintien d'une vie sociale et d'éviter des dommages physiques ; la schizophrénie est en effet associée à un taux élevé de suicide. Dès qu'un risque notable existe, une hospitalisation doit être instaurée. Par ailleurs, un patient présentant une certaine dangerosité pour autrui (menaces proférées, comportement agressif, etc.) doit être hospitalisé.

Les autres motifs d'hospitalisation sont principalement : la présence de symptômes devant être traités rapidement et de manière efficace (désorganisation majeure ne permettant pas le maintien dans le milieu extérieur, le patient étant devenu incapable de gérer même les activités quotidiennes les plus élémentaires, délire majeur envahissant tout le champ de pensée et conduisant à un comportement complètement inadapté, etc.), la nécessité de confirmer le diagnostic et d'établir un bilan précis des troubles, la surveillance des effets des médicaments, ainsi que l'instauration de liens entre le patient et l'équipe soignante (qui favoriseront la prise en charge ultérieure).

L'hospitalisation doit permettre une réduction des symptômes dont souffre le patient ; par ailleurs, elle est l'occasion d'observer le comportement du patient et ses interactions avec autrui, afin de pouvoir lui proposer certaines modalités de prise en charge en rapport avec ses compétences sociales, évoquées dans le chapitre sur la réinsertion sociale ; enfin l'efficacité des médicaments et leur bonne tolérance sont évaluées pendant sa durée, leur prise étant vérifiée (certains patients ont en effet tendance à ne pas vouloir prendre des traitements dont ils n'ont pas compris qu'ils leur sont donnés pour les aider et non pour leur nuire et ils développent de ce fait différentes stratégies pour tromper la surveillance des infirmiers et ne pas les absorber). Lorsque ces objectifs sont atteints, la sortie est accordée.

L'établissement d'une bonne relation thérapeutique avec le patient est un élément essentiel de chaque hospitalisation. Par ailleurs, outre les effets des médicaments et des psychothérapies, l'hospitalisation possède en soi des effets thérapeutiques non spécifiques. En effet, l'environnement hospitalier possède un rôle structurant en lui-même, du fait de certaines caractéristiques propres comme ses règles précises de fonctionnement, la présence de limites physiques tangibles s'opposant à l'expansion des désirs et du comportement du patient et l'attitude rassurante des soignants.

Généralement une unité de soins en psychiatrie ressemble beaucoup à une unité de soins de n'importe quelle spécialité, en dehors de la présence de bureaux d'entretien à l'intérieur même de l'unité (à distinguer des bureaux de consultations externes que l'on trouve aussi bien en psychiatrie que dans les autres spécialités et qui sont destinés à recevoir les patients venant consulter depuis l'extérieur de l'hôpital). En effet, le diagnostic et le suivi reposent pour beaucoup sur le recueil des informations subjectives dont le patient fait part au médecin au cours d'un entretien. Cet entretien joue le même rôle que l'examen du corps du patient dans les autres disciplines médicales. Il permet de développer un modèle de son fonctionnement et d'établir un diagnostic, lors des premières rencontres avec le patient, et, lors des séances suivantes, d'évaluer son évolution sous traitement. Il doit être associé à la réalisation d'un examen médical (généralement par un collègue jouant un rôle purement centré sur le corps) destiné à éliminer un trouble neurologique et à établir la présence des critères permettant d'instaurer un traitement médicamenteux adéquat.

Bilan et surveillance hospitalière

Diagnostiquer une schizophrénie et débuter un traitement adéquat requierent la réalisation non seulement d'un examen clinique complet, mais également de certains examens complémentaires (scanner cérébral, électrocardiogramme, prise de sang, etc.), destinés à éliminer une autre cause aux troubles présentés par le patient et à vérifier qu'il est en mesure de recevoir le traitement préconisé. Par la suite, il faut vérifier que le traitement est efficace et qu'il est bien supporté par le patient. L'efficacité se mesure en termes de modification du vécu et du comportement du patient : les anomalies qui caractérisaient ces deux domaines régressent progressivement sous l'influence d'un traitement efficace. Il n'est pas rare que la pleine efficacité des neuroleptiques (médicaments jouant un rôle incontournable dans le traitement de la schizophrénie) ne soit obtenue qu'après plusieurs semaines, voire plusieurs mois de traitement (ce qui n'implique pas d'ailleurs que les patients doivent rester si longtemps à l'hôpital). Il faut donc être patient et savoir attendre les effets parfois retardés de ce qui est un traitement de fond. Des effets plus rapides peuvent néanmoins être obtenus sur l'angoisse et l'agitation des patients. Ceci est indispensable, lorsque ces manifestations sont présentes, à la fois pour leur bien-être et pour éviter tout risque de passage à l'acte contre eux-mêmes ou contre autrui.

Durant les premiers jours, différents effets indésirables (en particulier des problèmes de contractures musculaires, une constipation, une baisse de la tension artérielle, etc., qui seront décrits dans le chapitre suivant) peuvent survenir et nécessiter une prise en charge spécifique. Ils requièrent une surveillance appropriée des fonctions concernées (fréquence cardiaque, tension artérielle, transit intestinal, etc.).

Un point beaucoup plus essentiel consiste à mettre le patient en confiance et à lui faire accepter ses soins (le mieux est bien entendu qu'il les accepte d'emblée dans le cadre d'une hospitalisation libre). Ceci nécessite la mobilisation non seulement des médecins qui ne devront pas se montrer avares d'explications afin que le patient puisse modifier sa représentation de ce dont il souffre et du traitement nécessaire, mais également des infirmiers qui doivent généralement reprendre à plusieurs reprises les points abordés durant les entretiens médicaux et apporter au patient des arguments lui permettant d'intégrer ce qui a été dit au cours de ces entretiens. Or ceci est très délicat, car la perception des patients est intensément altérée, ce qui les laisse dans une grande insécurité et modifie très profondément leurs réactions, ainsi que l'illustre clairement le cas de d'Étienne exposé plus haut. Il faut tenir compte de ces particularités et imaginer leur réaction face à ce qu'on va leur dire pour éviter qu'ils ne réagissent violemment et qu'ils perdent confiance.

Pendant ce séjour à l'hôpital, seront organisés les soins qui feront suite à l'hospitalisation. Il s'agit de déterminer sur quel CMP auront lieu les consultations, si des activités thérapeutiques seront nécessaires, si une reprise du travail peut être envisagée et si d'autres mesures médicales ou sociales sont nécessaires. Le patient doit être informé de la manière la plus claire possible des modalités de ce suivi. Il faut s'assurer qu'il en a compris le sens ainsi que les modalités de sa mise en œuvre. Dans le cas contraire, il interrompra son suivi et le risque de rechute sera extrêmement élevé.

Chapitre 7

Médicaments et nouvelles méthodes thérapeutiques

Fabienne, 23 ans, hospitalisée récemment à la demande de ses parents parce qu'elle ne dormait plus et errait dans leur maison nuit et jour en répondant à des interlocuteurs imaginaires, a été mise sous traitement neuroleptique. Son médicament lui a d'abord procuré une certaine somnolence puis elle s'est sentie plus détendue et moins touchée par les commentaires désagréables proférés par ses voix. Toutefois, celles-ci n'ont pas totalement disparu : elles ont continué à lui parler, en particulier le soir ou lorsqu'elle se trouvait seule dans une pièce. Étant donné que cela la gênait encore considérablement, le psychiatre la prenant en charge lui a proposé de bénéficier d'un traitement complémentaire. Il s'agissait d'une nouvelle méthode basée sur la stimulation de la partie latérale gauche de son cerveau (qu'il a désignée sous le nom de lobe temporal). Fabienne s'est sentie perplexe : quel rapport existait-il entre les com-

mentaires acariâtres dont elle est victime et son cerveau ? Le psychiatre lui a alors expliqué que le fait de rendre moins active cette zone du cerveau la rendrait moins sensible au phénomène dont elle était victime et que cette technique, répondant au nom de stimulation magnétique transcrânienne, avait déjà aidé de nombreux malades. Elle a hésité, ne comprenant toujours pas ce que ce système pourrait lui apporter, puis elle a accepté car, après tout, si cela devait l'aider pourquoi s'en priver ?

On a alors conduit Fabienne dans une pièce contenant une machine de taille modeste, composée de petits éléments garnis de gros cordons électriques et d'un plus gros bloc agrémenté d'un gros curseur rond et relié à un long câble s'élargissant à l'autre extrémité pour former une sorte de gros 8. Ce 8 a été placé sur la partie gauche de son crâne et, après qu'on l'eut informée que le traitement allait commencer, elle a entendu un bruit assez intense, bref et répétitif – une sorte de gros « clic » se produisant toutes les secondes. Après 10 minutes, on lui a dit que la séance était terminée et elle a regagné sa chambre. Elle se sentait plutôt détendue, mais les voix étaient toujours là. Le lendemain, et encore huit autres fois, une telle séance a été répétée. Lorsqu'on lui a posé des questions sur la présence des voix, leur intensité, leur importance pour elle, après ces 10 séances, elle s'est rendu compte qu'elle en était presque complètement délivrée. Elle s'en est réjouie et a accepté de se rendre à une séance supplémentaire par mois afin d'entretenir les effets obtenus.

Entre-temps, Fabienne avait continué à prendre le neuroleptique prescrit, dont on lui a expliqué qu'il ne fallait pas en interrompre la prise au risque de rechuter. Elle ne voyait pas bien de quoi on lui parlait et pensait subir les fantaisies d'un système arbitraire, ne comprenant pas de quelle manière les médecins tentaient de l'aider. En effet, la machine était certes capable de diminuer le discours accablant des voix, mais par quel mécanisme ? En fait, elle pouvait admettre que cela n'avait aucune importance, puisqu'elle avait constaté que cette méthode l'aidait. Maintenant pourquoi prendre un médicament en plus ? À plusieurs reprises, elle essaya de l'interrompre (à l'insu des soignants) et parvint même à ne pas le prendre du tout pendant une semaine complète. Elle se sentit de plus en plus nerveuse et en arriva à se disputer avec une autre patiente lors d'un repas. Au psychiatre qui lui posa la question, Fabienne admit ne pas avoir pris son traitement. Cet épisode lui permit de concevoir que le médicament avait un effet et, qui plus est, un effet bénéfique. Elle décida donc de le prendre régulièrement dorénavant.

Six mois plus tard, alors qu'elle avait quitté depuis assez longtemps l'hôpital, Fabienne revint à une consultation où, après avoir constaté qu'elle continuait à se sentir bien, qu'elle venait bien à ses séances mensuelles de stimulation et qu'elle prenait tous les jours son neuroleptique, on la pesa. Elle fut surprise de constater qu'elle avait pris du poids. Le psychiatre lui demanda de faire une prise de sang pour vérifier si un diabète ou une augmentation de son cholestérol sanguin n'était pas associé et il l'envoya chez une diététicienne afin qu'elle reçoive des conseils quant à son alimentation. En effet, ce neuroleptique peut augmenter l'appétit et il faut prendre garde à ce que l'on mange. Elle se souvint que cela lui avait déjà été signalé lorsqu'elle était à l'hôpital, mais elle n'y avait alors pas prêté attention. Elle fit alors un régime et retrouva en quelques mois sa silhouette antérieure.

Traitement médicamenteux de la schizophrénie

Jusqu'à l'avènement des médicaments ayant un effet sur le vécu des patients, au milieu du XXe siècle, la prise en charge de la schizophrénie reposait pour beaucoup sur l'instauration d'une distance entre le patient et le monde, lorsque son état ne permettait plus de l'y maintenir. Les recours à l'hospitalisation sous forme d'internement étaient fréquents et les séjours étaient souvent prolongés, voire très prolongés. Lors de leurs crises, les patients devaient très souvent être isolés, voire contenus, jusqu'à ce que leur agitation cède. Diverses méthodes, destinées à accélérer les soins des patients et à ne pas se contenter d'attendre une résolution spontanée ou favorisée par le calme, avaient été essayées et avaient remporté un succès variable. Parmi elles, les électrochocs et les comas insuliniques ont connu leur heure de gloire. Les électrochocs (qui s'apparentent un peu à la technique employée avec Fabienne, mais emploient un courant électrique et non un champ magnétique et n'offrent pas la possibilité de localiser la zone du cerveau qui va être stimulée) ont été inventés durant la première moitié du XXe siècle. Ils conservent un intérêt dans des situations aiguës où les médicaments sont peu efficaces, comme la catalepsie (trouble dans lequel le patient se retrouve figé telle une poupée de cire) et sont actuellement associés à une anesthésie et à une curarisation (cette dernière est indispensable pour d'éviter que les électrochocs n'entraînent des contractions musculaires pouvant entraîner par exemple des luxations). Les comas insuliniques (encore appelés cures de Sakel, du nom de leur inventeur) sont actuellement complètement abandonnés. Cette technique parfaitement empirique consistait à injecter de l'insuline afin d'obtenir une abolition de la conscience avant de donner du sucre pour obtenir le réveil.

Plusieurs catégories de médicaments efficaces sur les troubles mentaux sont apparues à partir des années 1950 (quelques médicaments utilisés dans la schizophrénie sont cités dans le tableau 5 ; seuls les

Tableau 5. Médicaments couramment utilisés dans le traitement de la schizophrénie

Famille de médicaments	Exemples (noms commerciaux)
Neuroleptiques (première génération)	Haldol®, Nozinan®, Tercian®
Neuroleptiques (deuxième génération)	Risperdal®, Zyprexa®, Solian®, Abilify®, Leponex®
Correcteurs antiparkinsoniens	Lepticur®, Artane®, Parkinane®
Anxiolytiques benzodiazépiniques	Rivotril®, Tranxène®, Xanax®, Temesta®, Seresta®, Lexomil®
Anxiolytiques (autres)	Atarax®, Équanil®
Antidépresseurs	Deroxat®, Effexor®, Norset®, Séroplex®, Prozac®, Anafranil®
Thymorégulateurs	Dépakote®, Tégrétol®, Téralithe®

neuroleptiques ont été développés pour traiter la schizophrénie, les autres médicaments mentionnés sont destinés à traiter des symptômes associés qui ne sont pas spécifiques dans la schizophrénie : anxiété, symptômes dépressifs, etc.).

Les neuroleptiques ont permis un changement radical dans le traitement de la schizophrénie. Celui-ci ne peut se réduire à l'utilisation de ces médicaments, mais il ne peut pas, non plus, se concevoir sans elle. Les antidépresseurs sont également utilisés dans cette maladie mais ils jouent un rôle secondaire et ne peuvent être employés seuls.

Les neuroleptiques

Les neuroleptiques (également appelés antipsychotiques) exercent des effets puissants sur les symptômes positifs des patients et des effets moins nets, mais pas négligeables, sur les symptômes négatifs et la désorganisation. Ces médicaments agissent probablement en permettant aux patients d'accorder moins d'importance à ce qu'ils vivent et à ce qu'ils perçoivent. À fortes doses, ils favorisent l'endormissement, alors qu'à doses plus faibles ils permettent l'apaisement du patient.

L'utilisation de ces médicaments permet, d'une part, de traiter la crise (et en particulier de réduire considérablement les symptômes tels que les hallucinations, le délire et l'agitation) et, d'autre part, de prévenir (de manière certes non absolue, mais significativement efficace) une récidive pratiquement inévitable en l'absence de traitement. Ils sont très efficaces dans ces deux domaines. Il est fondamental que les patients comprennent l'intérêt de leur traitement qu'ils ont spontanément tendance à interrompre (et c'est là leur principale cause de rechute). En effet, afin de suspendre l'évolution des troubles, les neuroleptiques doivent être poursuivis sur de longues durées (plusieurs années et, parfois, à vie). Or tout traitement prolongé est soumis aux doutes de celui qui le reçoit et, consécutivement, à une interruption de traitement (c'est le cas, par exemple, des traitements contre le diabète ou l'hypertension artérielle). Sa poursuite dépend donc crucialement de l'investissement du patient, qui n'est possible que s'il en comprend l'intérêt. L'implication de son entourage joue également un rôle favorable. Une information simple et claire est donc indispensable.

Les neuroleptiques agissent en procurant progressivement (leur action complète requiert le plus souvent plusieurs semaines) une sorte de prise de distance avec son propre vécu intérieur et les préoccupations que le sujet peut avoir par rapport aux sollicitations du milieu extérieur. Ceci permet, dans un premier temps, un apaisement de l'agitation et de l'agressivité (lorsqu'elles existaient) et un retour à un sommeil plus satisfaisant, puis, dans un deuxième temps, une diminution ou une disparition des idées bizarres et des hallucinations. La personne paraît recouvrer le contrôle de ses pensées et elle peut, à nouveau, entrer en contact sereinement avec son entourage. Même s'ils ne permettent pas toujours le retour à l'état initial, les bénéfices du traitement sont immenses. Ils évitent en particulier l'installation de symptômes qui pourraient autrement devenir petit à petit moins accessibles au traitement en infiltrant tout le fonctionnement mental du patient.

En tant que médicaments, les neuroleptiques ont évidemment des effets indésirables. Néanmoins leurs effets thérapeutiques surpassent de loin ces derniers. Il est important de comparer de la manière la plus objective possible ces deux catégories d'effets afin de ne pas décourager la poursuite d'un traitement réellement indispensable dans cette maladie. Les effets indésirables peuvent toucher de nombreuses fonctions. Toutefois, les seuls effets fréquents concernent le tonus musculaire, le métabolisme, les sécrétions hormonales et la fonction digestive. Les principaux effets indésirables liés à la prise des neuroleptiques les plus fréquemment utilisés sont résumés dans le tableau 6.

Ces effets sont loin d'être systématiques lors de la prise de chacun de ces médicaments, et le fait qu'ils existent ne doit pas décourager leur prise car les bénéfices escomptés sont largement supérieurs au risque encouru.

Les effets sur le tonus musculaire étaient surtout notables avec les neuroleptiques de première génération. Même s'ils n'ont pas complètement disparu, ils sont devenus beaucoup plus rares avec les neuroleptiques plus récents. Les neuroleptiques de première génération pouvaient, par la raideur générale qu'ils provoquent assez souvent, entraîner une stigmatisation des malades qui les recevaient. Celle-ci s'apparente à la raideur de la maladie de Parkinson et elle est directement

Tableau 6. Effets indésirables des neuroleptiques et comment les prendre en charge

Neuroleptique	**Principaux effets indésirables**	**Prise en charge**
Zyprexa®	Prise de poids, diabète, hyperlipidémies	Alimentation adéquate, régime, exercice physique
Risperdal®	Hyperprolactinémie	Adaptation de la dose
Abilify®	Instabilité motrice	Adaptation de la dose
Solian®	Hyperprolactinémie	Adaptation de la dose
Nozinan®	Sécheresse buccale Constipation	Chewing-gums sans sucre Laxatifs non irritants
Leponex®	Prise de poids, hyperlipidémies Agranulocytose (diminution massive des globules blancs) Crises d'épilepsie	Alimentation adéquate, exercice physique Prises de sang régulières (dépistage) Antiépileptiques

issue du mode d'action des neuroleptiques. En effet, à l'instar de la maladie de Parkinson, due à une déplétion en dopamine au niveau d'une zone très spécifique des noyaux gris centraux du cerveau, les neuroleptiques de première génération empêchent l'action de la dopamine à ce niveau et entraînent ce que l'on appelle un syndrome parkinsonien. Les neuroleptiques de seconde génération sont généralement exempts de cet effet du fait de mécanismes d'action hypothétiques qui impliquent soit un effet sur les récepteurs à la sérotonine, soit un effet sur d'autres récepteurs à la dopamine.

L'apparition d'un syndrome parkinsonien au cours d'un traitement par neuroleptique nécessite le recours à des correcteurs tels que le Lepticur® ou le Parkinane®.

Les troubles du tonus causés par les anciens neuroleptiques pouvaient parfois se manifester de manière plus aiguë par des raideurs touchant très brutalement le cou, les yeux ou la langue. Ces effets, appelés dyskinésies aiguës, étaient souvent observés dans les premiers jours du traitement. Très traumatisants pour les patients, ils pouvaient les pousser à refuser (ouvertement, mais aussi parfois sans qu'ils en soient pleinement conscients) toute prise ultérieure de neuroleptique. Ils étaient traités par les correcteurs mentionnés ci-dessus qui étaient parfois prescrits de manière systématique à titre préventif. Par ailleurs, d'autres mouvements anormaux pouvaient apparaître de manière retardée ; il s'agissait de mouvements anormaux, incontrôlables, répétitifs et disgracieux de la bouche ou des lèvres, appelés dyskinésies tardives, se produisant plusieurs mois après le début du traitement et ne disparaissant que très difficilement. La quasi-disparition de tous ces effets sur le tonus musculaire grâce au passage à la deuxième génération de neuroleptiques a été un immense progrès.

Les neuroleptiques, quelle que soit leur génération, peuvent affecter le métabolisme des graisses et du sucre. Ils sont susceptibles d'augmenter le taux de cholestérol ou de triglycérides et, par ailleurs, peuvent favoriser une prise de poids, notamment en augmentant l'appétit, comme cela est évoqué dans le cas de Fabienne. Les patients qui grossissent (mais pas seulement eux) développent fréquemment un diabète. L'ensemble de ces effets nécessite une surveillance attentive et régulière (comprenant pesée et prise de sang pour dosage des lipides sanguins et de la glycémie), ainsi que l'instauration préventive d'une diététique appropriée (repas équilibrés, peu riches en graisse, absence d'apports alimentaires entre les repas et suppression des boissons sucrées) et d'exercices physiques réguliers. La prise de poids (fréquente sous neuroleptique) est en effet due à l'association des effets des médicaments sur l'appétit avec une alimentation déséquilibrée et une vie trop sédentaire (favorisée par la maladie ; voir chapitre sur les symptômes négatifs). Une prise de poids trop importante peut parfois nécessiter le changement de neuroleptique ; dans certains cas, néanmoins, il vaut mieux garder quelques kilos en plus lorsque l'équilibre de la pathologie psychiatrique a été difficile à atteindre et a nécessité, par exemple, le recours à plusieurs médicaments successivement ou conjointement.

Les effets hormonaux des neuroleptiques s'exercent surtout sur la prolactine. La sécrétion de cette hormone, dont les effets favorisent la production de lait au niveau de la poitrine et bloquent le cycle menstruel, peut être favorisée par certains neuroleptiques. En ce cas, les désagréments sont immédiats (gêne causée par la tension mammaire et, éventuellement, par l'écoulement du lait) et plus tardifs (une augmentation de la concentration de prolactine dans le sang pouvant causer un amoindrissement de la trame osseuse, potentiellement à l'origine de tassements des vertèbres ou d'autres fractures).

La fonction digestive peut être affectée de plusieurs manières par certains neuroleptiques : d'une part par la diminution de la sécrétion salivaire et, d'autre part, par une constipation. La diminution de la salive peut être corrigée par l'utilisation de chewing-gums sans sucre ou la prise de médicaments destinés à augmenter la quantité de salive comme le Sulfarlem S25®. La constipation doit être prise en charge très sérieusement (car elle peut être sévère et mener à des complications) par la prise de laxatifs non irritants, sous surveillance médicale.

D'autres effets très peu fréquents, mais sévères, requièrent également une surveillance : effets sur le cœur conduisant à la réalisation d'électrocardiogrammes avec mesure d'un intervalle spécifique (nommé intervalle QTc) ; effets sur les cellules sanguines (dans le cas du Leponex®) nécessitant des prises de sang régulières afin de quantifier les globules blancs. Enfin, certains neuroleptiques peuvent entraîner des baisses de la tension artérielle (à l'origine de sensations de vertige, en particulier lorsque le patient passe brutalement de la position couchée à la position debout) susceptibles d'être aisément corrigées par la prise de médicaments spécifiques (comme l'Heptamyl® ou l'Ikaran®, par exemple).

Ces effets indésirables sont loin d'être systématiques lors de la prise de neuroleptiques et, encore une fois, ils ne remettent pas en cause les bénéfices apportés par ces médicaments. Ils doivent néanmoins être identifiés lorsqu'ils existent car chacun d'entre eux a une prise en charge spécifique. Ceci justifie une surveillance médicale attentive.

Chaque neuroleptique possède un profil d'action spécifique aussi bien au niveau de ses effets thérapeutiques que de ses effets indésirables. Dans la première génération, l'Haldol® réduisait efficacement le délire et les hallucinations, mais il avait en même temps des effets puissants sur le tonus musculaire (pour cette raison, il n'est presque plus utilisé de nos jours, sauf dans certains pays pour des motifs économiques) ; le Nozinan® calmait l'agitation de manière profitable. Ce dernier médicament (pouvant entraîner diabète et effets digestifs) est encore fréquemment associé à ceux de deuxième génération afin de renforcer leurs effets au moment des périodes de crise ; il représente (ainsi que d'autres neuroleptiques de la même famille) une alternative à l'utilisation d'anxiolytiques (dont ceux de la famille des benzodiazépines : Tranxène®, Temesta®, Rivotril®, etc.) qui peuvent également être utilisés, à fortes doses, dans ce contexte.

Les neuroleptiques de seconde génération constituent un groupe hétérogène de médicaments. Les médicaments disponibles en France sont le Risperdal®, le Zyprexa®, le Solian®, l'Abilify® et le Leponex®. Ce dernier est réservé aux cas de résistance au traitement, du fait de ses effets secondaires (diminution massive du nombre de globules blancs). Par ailleurs, il entraîne fréquemment des prises de poids, des diabètes, une perturbation du métabolisme des graisses et des effets digestifs. Ces derniers sont partagés par le Zyprexa®, qui lui est apparenté du point de vue de sa structure chimique. Par ailleurs, ces deux médicaments présentent des effets thérapeutiques très marqués et ils sont généralement très appréciés par les patients qui en retirent un intense soulagement. Le Risperdal® a moins d'effets sur le métabolisme, mais il peut entraîner une augmentation de la prolactine et des effets sur le tonus musculaire. Il existe sous forme retard (nécessitant une injection intramusculaire toutes les deux semaines), ce qui en facilite considérablement la prise, notamment chez les patients ayant tendance à oublier leur traitement. Enfin, le Solian® à faibles doses et l'Abilify® sont très efficaces sur les symptômes négatifs.

Comme cela a été évoqué, les neuroleptiques doivent être utilisés au long cours. En effet, ils ne possèdent aucune vertu curative, mais des *propriétés suspensives des symptômes*. Leur prise quotidienne permet de changer de manière durable de subtils équilibres au niveau cérébral, ce qui permet secondairement à la personne qui en est imprégnée de changer son mode de pensée. Il est important de comprendre que ces médicaments n'agissent pas directement sur les idées des malades ; ils sont en effet constitués de molécules qui ne peuvent que jouer un rôle sur les mécanismes permettant à la pensée délirante de se constituer : leur impact sur la schizophrénie est donc indirect par la création d'une ambiance chimique moins propice au développement du vécu psychotique. Une ambiance se change progressivement, d'où l'importance des délais d'action et le fait qu'en cas d'interruption inopinée de traitement la rechute se produit en général de manière décalée. Un répit (parfois associé à un mieux-être lié à la disparition d'éventuels effets indésirables) trompeur précède souvent de plusieurs mois, une inévitable – ou presque inévitable – rechute. À l'inverse, l'efficacité des neuroleptiques ne se manifeste pas toujours dès les premiers jours du traitement et il faut poursuivre leur prise parfois plusieurs mois avant d'être en mesure de juger pleinement leurs effets.

Les neuroleptiques ont donc une cinétique d'action radicalement différente de celle d'autres médicaments, tels que les anxiolytiques par exemple, dont les effets sont immédiats (la prise d'un comprimé permettant de venir à bout d'un vécu anxieux en un temps très court). Ils s'apparentent beaucoup plus clairement aux antidépresseurs qui jouent, comme eux, le rôle de traitements de fond. Toutefois, si les effets principaux se manifestent de manière progressive, d'autres, comme la sédation (c'est-à-dire la fatigue qu'ils génèrent), sont immédiats. La sédation est considérée soit comme un effet indésirable, soit comme un effet thérapeutique en fonction de la présence ou non d'une agitation à contrôler.

À plus long terme, le facteur le plus important sera la modification du vécu constatée par la personne recevant des neuroleptiques. Celle-ci pourra noter qu'elle ressent certaines choses de manière moins intense et qu'elle s'en trouve ainsi plus sereine. Cette prise de conscience (encourageant légitimement la poursuite du traitement, lorsqu'elle existe) est souvent difficile ou tardive. En effet, la schizophrénie est beaucoup plus souvent associée à une incapacité à observer et comprendre son propre fonctionnement qu'à une introspection satisfaisante. Ceci favorise les interruptions de traitement dans les premiers temps de la maladie et la nécessité pour les psychiatres de lutter contre l'échappement aux soins qui ne manque pas de se produire naturellement dans de nombreux cas. Le fait de faire observer au patient des modifications, même modestes mais patentes, de son vécu joue un rôle important dans son implication dans le traitement.

Le traitement de la schizophrénie ne peut donc consister en l'écriture régulière d'ordonnances de neuroleptiques. Celles-ci doivent être étayées, expliquées et comprises par les patients. Par ailleurs, ces médicaments n'ont parfois pas (ou peu) de prise sur un certain nombre de manifestations de la maladie. Il peut s'agir aussi bien de symptômes positifs résistants aux neuroleptiques que de symptômes négatifs sur lesquels les traitements agissent souvent peu. Leur présence nécessite d'avoir recours à d'autres classes de médicaments ou à des techniques non médicamenteuses.

Traitements des symptômes résistants

Lorsque les symptômes positifs résistent au traitement, l'utilisation de médicaments tels que les thymorégulateurs (par exemple le Dépakote®) peut venir compléter l'action des neuroleptiques, en particulier (mais pas exclusivement) lorsqu'il existe des fluctuations de l'humeur ou une agressivité. Parfois, il s'agit de manifestations spécifiques, telles que les hallucinations verbales. Celles-ci peuvent, dans certaines conditions, être considérablement diminuées (et ainsi rendues supportables) par l'emploi de la stimulation magnétique transcrânienne répétitive ou rTMS. Il s'agit d'une nouvelle technique, qui présente peu d'inconvénients et pas de danger. Elle implique le passage d'un courant électrique puissant au sein d'une sonde de stimulation placée sur le crâne du patient, en regard d'une zone du cerveau dont on veut modifier le fonctionnement. Ce courant électrique entraîne la création d'un champ magnétique qui va agir sur la zone du cerveau visée. En l'occurrence, le lobe temporal du cerveau, trop actif au moment des hallucinations, voit son fonctionnement réduit par la rTMS. La mise en œuvre pratique de cette méthode décrite avec le cas de Fabienne correspond à ce qui se fait habituellement pour des patients présentant des voix résistantes aux neuroleptiques. Peut-être dans l'avenir, la rTMS sera-t-elle proposée plus tôt, sans attendre l'échec relatif des médicaments, et ceci afin de diminuer les doses de neuroleptiques employés et de diminuer consécutivement leurs effets indésirables. Toutefois, ceci n'est qu'une perspective très hypothétique car, même s'il s'agit d'une technique très prometteuse, les modalités d'utilisation de la rTMS ainsi que ses bénéfices restent à définir précisément. Ses indications restent différentes de celles des électrochocs. Alors que ceux-ci sont destinés à traiter des symptômes aigus (c'est-à-dire d'apparition récente), la rTMS peut être utilisée pour le traitement de symptômes chroniques, tels que les hallucinations verbales. Alors que les électrochocs nécessitent une médicalisation importante (anesthésie et curarisation) du fait de leurs risques potentiels, la rTMS est simple à mettre en œuvre et ne requiert en particulier pas d'anesthésie. Elle se pratique alors que la personne est éveillée. Elle entraîne peu d'effets indésirables, alors que les électrochocs sont régulièrement associés à des troubles de mémoire généralement transitoires.

Entraînement des fonctions cognitives ou remédiation cognitive

La remédiation cognitive est une nouvelle méthode de prise en charge de la schizophrénie. Elle se développe depuis une vingtaine d'années, mais la généralisation de son utilisation est très récente. Elle utilise des exercices répétitifs et graduels destinés à stimuler la manière dont le cerveau traite certaines informations. Les fonctions stimulées sont celles qui sont déficitaires (mémoire, attention, capacité à organiser des actions dirigées vers un but, mais aussi autres fonctions pouvant favoriser l'apparition des symptômes, par exemple l'attribution d'intentions). La remédiation cognitive agit non pas sur les symptômes (ou du moins pas directement), c'est-à-dire non sur le contenu de ce que pense le patient, mais sur des processus plus élémentaires qui permettent à sa pensée d'exister. Cette méthode est mise en œuvre soit sur ordinateur au moyen de logiciels spécialement conçus à cet effet, soit au cours d'exercices réalisés avec un psychologue et pouvant reposer sur différents supports (cartons avec des mots, images, films, etc.). Il s'agit par exemple d'entraîner la mémoire des patients en leur faisant retenir l'emplacement de différentes figures qui leur sont présentées sur un écran dans un premier temps, puis masquées dans un second temps. Il est important de noter que les troubles de la mémoire et de l'attention des personnes souffrant de schizophrénie, quoique nettement moins spectaculaires que les symptômes positifs, compromettent tout autant leur insertion dans la société. En effet, comment travailler ou entretenir des relations satisfaisantes avec des amis lorsqu'on est incapable de retenir ne serait-ce qu'un numéro de téléphone ?

La remédiation cognitive comprend – dans sa version la plus moderne – des exercices plus spécifiques destinés à agir sur des processus pouvant favoriser le développement de certains symptômes. Par exemple, il a été montré que les patients hallucinés présentent des difficultés à se souvenir s'ils ont prononcé à voix haute un mot ou s'ils l'ont lu silencieusement. Des exercices consistant à leur faire identifier de quelle manière ils ont lu un mot peuvent permettre de diminuer l'importance des hallucinations (cette méthode est développée par un centre spécialisé dans la remédiation cognitive ; elle est utilisée en complément des neuroleptiques lorsque ceux-ci ne sont pas pleinement efficaces). On sait également que les patients présentent d'importantes difficultés pour comprendre les intentions d'autrui. Certaines équipes ont développé des tâches utilisant des séquences cinématographiques issues de films populaires ; il est demandé aux patients quelle intention anime tel personnage placé dans une situation à laquelle il réagit de manière ambiguë.

Ces différents exercices sont pratiqués de manière didactique et progressive, en faisant attention à ne jamais mettre les patients en échec et à toujours renforcer leurs réussites. Certains peuvent être mis en œuvre sous forme de groupe (ce qui permet aux patients de bénéficier de ce que font les autres et de favoriser les interactions), d'autres de manière individuelle (seul sur un ordinateur ou bien face à un thérapeute). Des programmes associant plusieurs types d'exercices ont été développés et sont utilisés par quelques équipes en France.

Psychothérapies

Des psychothérapies spécifiques de la prise en charge du vécu schizophrénique peuvent être utilisées afin de permettre au patient de prendre de la distance avec celui-ci. Il s'agit pour le thérapeute de proposer soit une écoute structurante mais pas nécessairement active, soit une mise en cause construite et rationnelle des idées délirantes et des attitudes développées face aux hallucinations. Cette dernière technique est à rattacher aux psychothérapies cognitives. Celles-ci ont fait la preuve de leur efficacité, mais peu de centres sont déjà en mesure de les utiliser.

La schizophrénie doit être traitée à plusieurs niveaux : biologique, cérébral, cognitif, psychologique et social, car ces différents niveaux (et leur prise en charge) ne peuvent être assimilés à l'un d'entre eux. Si l'on simplifie la question afin d'être parfaitement clair, on aboutit à ce qui est présenté sur la figure 6, qui met en perspective les principales méthodes thérapeutiques employées dans la schizophrénie avec trois niveaux de fonctionnement, calqués sur la métaphore informatique (comparaison entre le fonctionnement du cerveau humain et celui d'un ordinateur où le niveau cérébral représente le niveau du matériel, le niveau cognitif celui du programme et le niveau clinique celui du produit du fonctionnement des deux niveaux précédents). Bien entendu, traiter l'un des trois niveaux a un impact sur les deux autres ; toutefois les effets attendus ne sont pas les mêmes et les actions de chacune des méthodes doivent être considérées comme additionnelles. Par ailleurs, l'angle d'attaque sera différent en fonction des symptômes considérés (voir tableau 7).

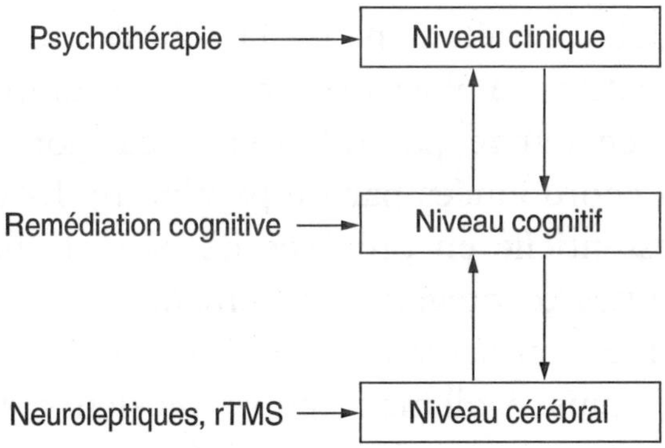

Figure 6. Traitement des trois niveaux de fonctionnement.

Tableau 7. Traitements proposés selon les symptômes

Symptôme	Traitement (par ordre d'efficacité démontrée)
Hallucinations	Neuroleptiques, rTMS, psychothérapie spécifique
Délire	Neuroleptiques, psychothérapie spécifique
Agitation	Neuroleptiques
Instabilité de l'humeur, agressivité	Thymorégulateurs (Dépakote®)
Symptômes négatifs	Certains neuroleptiques (Solian® à faibles doses, Abilify®)
Troubles de l'attention, de la mémoire	Remédiation cognitive
Difficultés sociales	Groupes de réhabilitation psychosociale (voir chapitre 8)

Au total, le traitement de la schizophrénie repose sur l'association de plusieurs techniques complémentaires mises en œuvre par différentes catégories professionnelles coordonnées par un psychiatre. La coordination est essentielle en présence de patients présentant des difficultés à intégrer les éléments d'un ensemble. Elle s'exerce non seulement à l'intérieur d'une même structure, mais également entre plusieurs structures intervenant pour un patient donné (par exemple un service hospitalier et l'équipe d'un foyer médicalisé ou d'une structure de réinsertion professionnelle – ces derniers aspects seront abordés dans le chapitre suivant).

Chapitre 8

Pour une réinsertion sociale

Georges, 42 ans, célibataire, sans profession, vit chez ses parents. Il passe ses journées dans sa chambre, qu'il ne quitte que lorsqu'on le sollicite. Georges n'entreprend aucune action de son propre chef, mais adhère assez facilement à ce qu'on lui propose. Il adopte un comportement étrange au contact d'autrui (par exemple, il tend l'auriculaire lorsqu'on veut lui serrer la main et il s'adresse à l'autre comme si celui-ci était déjà au courant de ses propres idées, qu'il ne serait donc pas nécessaire de lui communiquer, ce qui donne en permanence l'impression qu'il y a des sous-entendus dans la conversation). Georges est persuadé d'être doté d'une audition particulièrement fine qui lui permettrait d'entendre des gens s'exprimant dans une autre allée de l'immeuble que la sienne ou même dans un autre bâtiment. De ce fait, Georges entend les conversations d'inconnus échangeant entre eux sur divers sujets. Il ne s'en plaint pas et ne confie d'ailleurs ceci que de façon anecdotique. Enfin, ses pensées pourraient être lues par autrui et il n'a donc que peu besoin de parler à voix haute puisque les autres connaissent par ce moyen ce qu'il pense et ce qu'il veut.

Le fait de ne pas avoir besoin de communiquer par la parole associé à une inertie certaine a conduit Georges à rester confiné dans l'appartement familial depuis des années. Ses parents se sont occupés de lui jusqu'à maintenant en le poussant jour après jour à se lever, à faire sa toilette et à venir aux repas (à la préparation desquels il n'a jamais pu participer). Or ils ont vieilli ; à près de 80 ans, ils ne trouvent plus la force nécessaire pour prendre en charge aussi totalement le quotidien de leur fils. Par ailleurs, ils se demandent ce qu'il va devenir lorsqu'ils ne seront plus de ce monde.

L'assistante sociale du service a demandé au psychiatre de rédiger un nouveau certificat pour la maison départementale des personnes handicapées (MDPH) ; le précédent lui avait permis de continuer à toucher une allocation pour adulte handicapé ; celui-ci est destiné à obtenir une orientation en foyer médicalisé. Conjointement, plusieurs visites de foyers médicalisés sont programmées afin de déterminer quelle structure sera susceptible d'accueillir Georges. La principale surprise pour toute la famille réside dans les délais d'admission de ces établissements : plusieurs années en moyenne pour obtenir une place… Que faire en attendant ?

L'équipe médicale et sociale du service décide conjointement avec la famille de pousser Georges à reprendre une activité régulière le plus tôt possible, alors même qu'il vivra encore chez ses parents. Une demande d'admission dans un département de réinsertion socioprofessionnelle est effectuée. Si Georges s'y révèle plus dynamique que son état actuel peut le laisser supposer, une entrée ultérieure en CAT (centre d'aide par le travail) pourrait même être espérée (après nouvel avis de la MDPH).

Le handicap social lié à la schizophrénie

Georges présente sans ambiguïté des symptômes positifs (hallucinations verbales, lectures de la pensée, abord étrange d'autrui laissant penser à un trouble de la compréhension des intentions) associés à d'importants symptômes négatifs. Dans le cas de Georges, ces derniers sont aggravés par les symptômes positifs, en ce qu'ils le poussent à s'isoler et à esquiver les contacts avec autrui, considérés comme inutiles. Ses symptômes négatifs sont à l'évidence plus invalidants que ses symptômes positifs ; ils rendent Georges incapable de gérer quoi que ce soit de son quotidien ; c'est, de ce fait, sur eux que doit essentiellement porter le traitement et c'est à cause d'eux que des mesures de réinsertion sociale doivent être instaurées.

Ces dernières ne peuvent se concevoir que chez des personnes traitées et suffisamment stabilisées pour bénéficier d'un apprentissage minimal.

Les foyers médicalisés

L'expression « réinsertion sociale » sera utilisée au sens large dans ce chapitre : elle désigne non seulement toutes les dispositions destinées à favoriser le retour de la personne dans la société de telle façon qu'elle s'y adapte au mieux (mesures favorisant la reprise d'un travail et l'accession à un logement), mais également des mesures permettant de la protéger d'un mode de vie auquel elle ne peut s'accoutumer lorsque ses difficultés sont trop importantes (entrée dans un foyer). Bien entendu, le premier aspect est largement favorisé (tant qu'il est possible), le deuxième n'étant qu'un recours face à une impossibilité, les deux permettant la sortie de l'hôpital. Généralement, plus la prise en charge est précoce, meilleure sera l'insertion sociale et moins le recours au deuxième aspect sera nécessaire.

Le deuxième versant consiste à placer le patient dans une institution adaptée lorsque ses capacités sont incompatibles avec le maintien dans la société. C'est le cas de Georges qui ne pourra pas vivre seul et aura besoin d'une aide quotidienne. Tant que ses parents étaient en mesure de la lui fournir, il a pu rester chez eux ; une fois qu'ils ne le peuvent plus, il faut que quelqu'un d'autre assure l'indispensable étayage dont il a besoin. Des structures variées répondant à ces besoins existent en France (en particulier les foyers d'accueil médicalisés et les foyers de vie) ; il s'agit de lieux proposant un hébergement encadré par des soignants ou des éducateurs. Ceux-ci vont assurer la gestion du quotidien et fournir aux résidents un apprentissage des gestes de la vie quotidienne. Des activités sont proposées, afin de lutter contre le désœuvrement qui affecte très couramment les schizophrènes souffrant de symptômes négatifs. Les repas sont fournis et le résident n'a généralement pour seules contraintes que de ranger sa chambre et d'y faire le ménage. Certaines structures accueillent des résidents sur des périodes limitées (convenues à l'admission et généralement de plusieurs années), alors que d'autres les accueillent sans limite de durée. En général, les personnes qui résident dans ces structures s'y sentent parfaitement bien, car leurs inaptitudes essentielles y sont palliées, et elles ne demandent qu'à y rester. Le principal problème réside dans leur nombre insuffisant, eu égard à la grande quantité de patients qui en relèvent en théorie. De ce fait, il est souvent nécessaire d'attendre une place des mois ou des années, comme dans le cas de Georges. Tant que des structures ne seront pas créées en quantité suffisante, les personnes souffrant de formes sévères de schizophrénie déficitaire ou désorganisée devront se contenter de solutions d'attente soit non spécifiques (séjours dans leurs familles dans des conditions inadéquates et très pesantes pour tous, périodes dans des foyers pour sans-abri totalement inadaptés à la maladie mentale), soit coûteuses et inappropriées (prolongation des hospitalisations).

Les places en foyers spécialisés sont réservées aux patients souffrant de formes de la maladie trop sévères pour pouvoir vivre dans le milieu extérieur, mais suffisamment stabilisés pour pouvoir quitter l'hôpital. Il s'agit de personnes présentant avant tout des symptômes négatifs très importants (alors que ceux qui souffrent de symptômes positifs très marqués ou associés à une dangerosité doivent rester à l'hôpital, comme cela a été évoqué au chapitre 6).

Certaines personnes souffrant de schizophrénie présentant des difficultés un peu moins sévères vont pouvoir rester chez elles en bénéficiant d'aides à domicile.

Il peut s'agir soit de l'intervention de professionnels (auxiliaire de vie, aide-ménagère, etc.) agissant sur des aspects pratiques de leur existence (repas, ménage, etc.), soit d'infirmiers effectuant des entretiens à domicile (ce qui permet à la fois de soutenir le patient et de vérifier son adéquation avec le milieu dans lequel il vit) ou encore la distribution du traitement (dans des cas exceptionnels).

Les revenus des patients schizophrènes et la réinsertion professionnelle

Les schizophrènes qui ne peuvent travailler vont généralement toucher une allocation pour adulte handicapé (AAH) attribuée par la maison départementale des personnes handicapées (MDPH, anciennement COTOREP ou commission technique d'orientation et de reclassement professionnel). L'AAH constitue le revenu principal d'une partie des patients souffrant de schizophrénie. Elle leur permet de subsister dans des conditions assez modestes, mais décentes, et elle est généralement complétée par l'attribution d'allocations non spécifiques (allocation logement en particulier).

En effet, peu de patients schizophrènes parviennent à travailler en milieu ordinaire. La plupart de ceux qui travaillent le font en milieu protégé, en CAT (centre d'aide par le travail) ou en ateliers protégés. Ils touchent une rémunération inférieure au SMIC, mais les exigences de productivité y sont moindres qu'en milieu ordinaire. Les activités qui y sont pratiquées sont essentiellement manuelles (conditionnement, peinture, etc.). L'accès à ces structures étant souvent difficile après une longue période d'inactivité et, également, du fait de la persistance de symptômes négatifs, il existe des centres indépendants ou des départements hospitaliers (département de réinsertion socioprofessionnelle du Rhône, par exemple) préparant les patients à y entrer en les replaçant dans des conditions professionnelles, après réalisation d'un bilan complet de leurs connaissances et de leurs savoir-faire. Ils y retrouvent ainsi des horaires de travail (quoique allégés) et une activité dirigée vers un but précis, sans toutefois subir les contraintes qui existent dans un milieu professionnel, même protégé. Cette étape est très utile, même si certains patients ne comprennent pas pourquoi elle n'est pas rémunérée. En fait, ce dernier point se comprend aisément lorsque l'on considère qu'ils y acquièrent (en articulation avec leurs soins) des compétences indispensables à une reprise professionnelle et que, de plus, ils conservent l'AAH pendant toute sa durée.

Le réseau permettant le retour au travail de la personne schizophrène est donc complexe et, généralement, plusieurs étapes sont nécessaires avant qu'elle n'atteigne le niveau réellement adapté à ses capacités. Celui-ci peut correspondre à un milieu protégé (plus ou moins complètement) ou non ; l'important est de ne pas aller vers des activités trop ambitieuses car trop difficiles pour elle, mais au contraire de définir des objectifs concrets adaptés à son cas. En effet, viser trop haut peut aboutir à mettre le sujet en échec. Ceci est à la fois négatif quant à son estime de soi et peut éventuellement représenter un facteur non spécifique de rechute.

La réhabilitation psychosociale

À côté de cet aspect professionnel, la réinsertion sociale s'appuie également sur des mesures permettant à la personne souffrant de schizophrénie de mieux gérer différents aspects pratiques de sa maladie et d'être plus à l'aise avec les autres. Il s'agit là de mesures thérapeutiques, mises en œuvre par des soignants et spécifiquement adaptées à la schizophrénie. On les regroupe sous l'appellation « réhabilitation psychosociale ». Celle-ci se pratique souvent sous la forme de groupes (impliquant en général cinq à quinze patients), se réunissant pour des séances bien structurées. Le nombre de séances est défini à l'avance, l'ensemble des séances consacrées à un thème donné constituant un module.

Il existe des modules consacrés à la manière d'interagir avec les autres (compétences sociales), à la gestion des émotions, à la gestion du traitement neuroleptique, etc. Chaque module comprend un nombre défini et limité de séances (10 à 15). Chaque séance, d'une durée d'une heure à une heure et demie, est bien structurée et associe généralement une partie d'information à des moments de partage des expériences vécues par chacun des participants, dans le cadre du thème de la séance et des exercices de mise en situation. Par exemple, une séance d'un module concernant les interactions sociales sera consacrée à la manière d'aborder quelqu'un que l'on ne connaît pas. Quelques principes généraux seront d'abord donnés (quelles sont les phrases que l'on peut utiliser en premier lieu, quels sont les thèmes que l'on peut aborder, etc.) ; ensuite, chacun pourra parler de son expérience et dire les difficultés qu'il rencontre dans ce type de situation ; puis une première rencontre entre deux participants sera mise en scène puis analysée par les autres et rejouée selon les commentaires qui auront été faits ; enfin l'ensemble sera repris en tenant compte de ce que chacun en aura tiré et intégré à sa propre expérience. Les participants ne seront ni jugés ni critiqués, mais encouragés dans ce qu'ils réussissent et poussés à réessayer ce qu'ils n'ont pu faire.

La réhabilitation psychosociale est associée dans certains programmes (tel l'IPT ou *Integrated Psychological Treatment*, développé par Brenner et son équipe à Bern) à la remédiation cognitive dont il a été question dans le chapitre précédent. Dans ce cas, la remédiation cognitive est délivrée sous forme groupale durant une période précédant la réhabilitation psychosociale et elle prépare alors l'action de celle-ci. La remédiation cognitive permet en particulier d'améliorer la mémoire, l'attention et la capacité d'abstraction des participants avant qu'ils n'abordent des exercices qui sollicitent bien sûr ces fonctions. Cet entraînement préalable permet aux patients d'être plus à l'aise dans les modules suivants et également d'améliorer leur vie quotidienne en leur permettant d'aborder plus facilement certaines exigences du quotidien. En effet, comment gérer sa relation avec les autres lorsque l'on n'est même pas en mesure de retenir ou de résumer ce qu'ils nous disent ? Or les troubles de la mémoire et de l'attention associés à la schizophrénie se traduisent par d'importantes difficultés pour comprendre ce que disent et ce que veulent les autres, venant renforcer des difficultés spécifiques de la reconnaissance des intentions des autres. Par ailleurs, il est très difficile à ces patients (et ceci est en rapport avec leurs symptômes négatifs) de formuler de nouvelles idées ou de déterminer les concepts en rapport avec le discours auquel ils ont affaire. Or ces différents déficits peuvent être (en partie) corrigés grâce aux programmes de remédiation cognitive, qui présentent une utilité majeure dans le traitement de la schizophrénie. De nombreuses équipes s'intéressent maintenant à ces programmes, dont certains sont en cours de développement et d'autres s'implantent de manière de plus en plus large.

L'ensemble de ces techniques vient compléter l'effet des médicaments sur les manifestations de la schizophrénie en diminuant le handicap résiduel des patients. Or cet aspect, qui a trop longtemps été négligé, est au centre des difficultés d'insertion dans la société des schizophrènes. Il nécessite donc une prise en charge spécifique à partir du moment où la personne n'est pas apte à gérer de manière autonome les questions qui se posent à elle au quotidien.

Conclusion

Les éléments rapportés dans ce livre montrent clairement que la schizophrénie est une maladie dont on comprend maintenant assez bien les mécanismes, même si ses causes précises restent à élucider. Seule sa compréhension plus complète (procurée par la poursuite d'une recherche actuellement très active dans le domaine et seulement évoquée superficiellement au cours de cet ouvrage) permettra de continuer à améliorer les prises en charge proposées aux patients. Les enjeux se situent dans la compréhension de l'articulation entre les facteurs biologiques déjà identifiés, les anomalies de traitement de l'information également identifiées et le vécu des personnes souffrant de schizophrénie. Comprendre le rôle de tel gène ou de tel récepteur à un neurotransmetteur, dans le traitement par le cerveau d'un type spécifique d'information, permettra à terme de savoir comment le roc biologique conditionne le développement des symptômes dont souffrent les schizophrènes.

À côté de cette connaissance scientifique, dont le but ultime est l'amélioration du traitement et donc des conditions d'existence des patients, une autre forme de connaissance a également son importance. Il s'agit de la compréhension de la maladie par le grand public, les personnes souffrant de schizophrénie et leurs familles. En effet un meilleur niveau d'information sur la schizophrénie permet d'éviter que certains cas de schizophrénie passent inaperçus pendant des années (or c'est encore malheureusement parfois le cas) et soient difficiles à prendre en charge à leur admission à l'hôpital car les éléments délirants ont eu le temps de se structurer de telle manière que les patients ne sont plus en mesure d'établir la moindre distance avec eux, ce qui compromet toujours fortement les soins. Par ailleurs, le fait que familles et patients connaissent la maladie est un facteur très positif quant à l'acceptation de la thérapeutique et à une implication active dans celle-ci. Il est en effet indispensable que l'entourage soit partie prenante du traitement ; lui offrir une compréhension de la maladie est la meilleure manière de favoriser une implication intelligente et utile.

Les tabous qui ont longtemps concerné la schizophrénie n'ont rien apporté ni aux familles ni aux malades et il est heureux que l'évolution se fasse vers le partage des connaissances. Ces tabous s'expliquaient en partie par le fait que la schizophrénie a longtemps été considérée comme incurable (c'était l'optique de Kraepelin qui a longtemps perduré, malgré l'espoir majeur suscité par l'apparition des neuroleptiques). Si le terme *schizophrénie* évoque de nouveaux traitements, signes d'espoir, il n'est plus imprononçable. Au contraire, mettre un terme sur des troubles particulièrement difficiles à comprendre peut, dans beaucoup d'occasions, être rassurant. À partir du moment où poser le diagnostic de schizophrénie ne se réduit pas à émettre un jugement de valeur, mais à offrir la reconnaissance de certaines particularités qui entraînent la nécessité d'une prise en charge spécifique, les patients souffrant de schizophrénie n'ont plus à avoir honte de leur diagnostic mais peuvent le revendiquer comme pourvoyeur d'aides dont ils ont impérativement besoin.

Remerciements

La rédaction d'un tel livre nécessite de rendre accessibles des notions parfois complexes. Plusieurs proches ont gentiment accepté de faciliter ce travail de communication en donnant un avis précieux, à la fois pertinent et très documenté, sur une première version du manuscrit ; je les remercie très vivement de l'aide indispensable qu'ils m'ont apportée et des éclaircissements auxquels ils ont fortement contribué.

Parmi eux, je suis très reconnaissant à mon amie le Dr Caroline Demily et à mon collaborateur Philippe Domenech de m'avoir fourni un avis professionnel sur ce livre, dont ils ont grandement contribué à améliorer la qualité par leurs commentaires éclairés.

Enfin, je remercie Gaëlle Fontaine pour son travail éditorial à la fois précis et attentif et Odile Jacob pour l'intérêt qu'elle a porté à cet ouvrage dès que j'en ai proposé l'idée, au printemps 2005.

Références bibliographiques

PREMIÈRE PARTIE
Reconnaître et comprendre la schizophrénie : voyage raisonné au cœur de l'indicible

Chapitre premier
Les premiers symptômes de la maladie

ANDLER D. (éd.) *Introduction aux sciences cognitives.* Gallimard, Paris, 1992.

BLEULER E. *Dementia praecox ou le groupe des schizophrénies* (traduction d'A. Viallard), EPEL GREC, Paris, 1993.

DALÉRY J., D'AMATO T. (éds) *La Schizophrénie, recherches actuelles et perspectives,* 2e édition, Masson, Paris, 1999.

EY H. *Schizophrénie, études cliniques et psychopathologie,* Les Empêcheurs de penser en rond, Paris, 1996.

GEORGIEFF N. *La Schizophrénie,* Flammarion, Paris, 1995.

GRIVOIS H., GROSSO L (éds) *La Schizophrénie débutante,* John Libbey Eurotext, Paris, 1998.

KAPUR S. Psychosis as a state of aberrant salience : a framework linking biology, phenomenology, and pharmacology in schizophrenia. *American Journal of Psychiatry*, 2003, 160, 13-23.

SCOTTO J.-C., BOUGEROL T. (éds) *Les Schizophrénies, aspects actuels*, Flammarion, Paris, 1997.

Chapitre 2
Les symptômes positifs : les hallucinations et le délire

AMADOR X.F., DAVID A.S. *Insight and psychosis*, Oxford University Press, New York, 1997.

DAPRATI E. et coll. Looking for the agent : An investigation into consciousness of action and self-consciousness in schizophrenic patients. *Cognition*, 1997, 65, 71-86.

DAPRATI E. et coll. Being the agent : memory for action events. *Consciousness and Cognition*, 2003, 12, 670-683.

DAPRATI E. et coll. Memory and the sense of agency in normal subjects and schizophrenic patients. *Neuropsychologia*, 2005, 43, 281-293.

EY H. *Hallucinations et délire*, Librairie Félix Alcan, Paris, 1934.

FARRER C. et coll. Modulating the experience of agency : a PET study. *Neuroimage*, 2003, 18, 324-333.

FARRER C. et coll. The role of proprioception in action recognition. *Consciousness and Cognition*, 2003, 12, 609-619.

FARRER C. et coll. Neural correlates of action attribution in schizophrenia. *Psychiatry Research : Neuroimaging*, 2004, 131, 31-44.

FÉNELON G., CAMBIER J., WIDLÖCHER D. (éds) *Hallucinations. Regards croisés*, Masson, Paris, 2002.

FOURNERET P. et coll. Self-monitoring in schizophrenia revisited. *Neuroreport*, 2001, 12, 1203-1208.

FOURNERET P. et coll. Perception of self-generated movement in schizophrenia. *Cognitive Neuropsychiatry*, 2002, 7, 139-156

FRANCK N. Les symptômes de premier rang de la schizophrénie. De la clinique à l'approche expérimentale. *Psychiatrie, Sciences humaines et Neurosciences*, 2004, vol. II, n° 1, 10-25.

FRANCK N. Modèles cognitifs de la schizophrénie. *In* : *Psychiatrie de l'adulte et de l'adolescent*. J.D. Guelfi et F. Rouillon (éds), Masson, Paris, 2006.

FRANCK N. Action et temps dans la schizophrénie. *La Lettre du psychiatre,* 2005, vol. I, n° 2, 56-60.

FRANCK N. et coll. Defective recognition of one's own actions in patients with schizophrenia. *American Journal of Psychiatry,* 2001, 158, 454-459.

FRANCK N., JEANNEROD M. Agir sous X. *La Recherche,* 2003, 366, 41-43.

FRANCK N., THIBAUT F. Les hallucinations. *Encyclopédie Médico-Chirurgicale, Psychiatrie,* 37-120-A-10, 2003, 18 p.

FRANCK N. et coll. Gaze discrimination is unimpaired in schizophrenia. *Psychiatry Research,* 1998, 81, 67-75.

FRANCK N. et coll. Gaze direction determination in schizophrenia. *Schizophrenia Research,* 2002, 56, 225-234.

FRANCK N. et coll. Cerebral blood flow changes associated with Schneiderian first-rank symptoms in schizophrenia. *The Journal of Neuropsychiatry and Clinical Neurosciences,* 2002, 14, 277-282.

FRANCK N. et coll. Altered subjective time of events in schizpohrenia. *Journal of Nervous and Mental Disease,* 2005, 193, 350-353.

FRITH C.D. *Neuropsychologie cognitive de la schizophrénie* (traduction de B. Pachoud et C. Bourdet), PUF, Paris, 1996.

HAGGARD P. et coll. Awareness of action in schizophrenia. *Neuroreport,* 2003, 14, 1081-1085.

JANET P. *L'Automatisme psychologique,* Odile Jacob, Paris, 1998.

JEANNEROD M. et coll. Action recognition in normal and schizophrenic subjects. *In : Self and Schizophrenia,* T. Kircher and A. David (éds), Cambridge University Press, Cambridge, 2003.

KAPUR S., LECRUBIER Y. (éds) *Dopamine in the pathophysiology and treatment of schizophrenia,* Martin Duniz, Londres, 2003.

LAFARGUE G. et coll. Sensation of effort in schizophrenia. *Cortex,* 2006, 42, 711-719.

SAOUD M. et coll. Visual pointing and speed/accuracy trade-off in schizophrenia. *Cognitive Neuropsychiatry,* 2000, 5, 123-134.

SARFATI Y. et coll. How do people with schizophrenia explain the behaviour of others ? À study of theory of mind and its relationship to thought and speech disorganization in schizophrenia. *Psychological Medicine,* 1999, 29, 613-620.

TSAKIRIS M. et coll. A specific role for efferent information in self-recognition. *Cognition*, 2005, 96, 215-231.

VERDOUX H. et coll. Is the intensity of Schneiderian symptoms related to handedness and speech disorder in subjects with psychosis ? *Schizophrenia Research*, 2004, 67, 167-173.

VIGNEMONT F. DE et coll. Mental rotation in schizophrenia. *Consciousness and Cognition*, 2006, 15, 295-309.

Chapitre 3
Les symptômes négatifs : le déficit

BAUDOUIN J.-Y. et coll. Selective attention for facial identity and emotional expression in schizophrenia. *Neuropsychologia*, 2002, 40, 518-526.

BAUDOUIN J.Y., FRANCK N. La reconnaissance de l'expression faciale émotionnelle par le patient schizophrène. *In* : *Psychopathologies, émotions et neurosciences*. C. Besche (éd.), Belin, Paris, 2006.

BEDIOU B. et coll. Facial expression processing in schizophrenia. *Psychiatry Research*, 2005, 133, 149-157.

CHAMBON V. et coll. The role of configural information in facial emotion recognition in schizophrenia. *Neuropsychologia*, 2006, 44, 2437-2444.

DAVID A.S., CUTTING J.C. *The neuropsychology of schizophrenia*, Psychology Press, Hove, 1994.

MARTIN F. et coll. Processing emotional expression and facial identity in schizophrenia. *Psychiatry Research*, 2005, 134, 43-53.

MINKOWSKI E. *La Schizophrénie*, Payot, Paris, 1997.

SANDER D. et coll. Processus émotionnel dans la schizophrénie : étude de la composante d'évaluation. *L'Encéphale*, 2005, 31, 672-682.

Chapitre 4
La désorganisation

LELEKOV T. et coll. Cognitive sequence processing and syntactic comprehension in schizophrenia. *Neuroreport*, 2000, 11, 2145-2149.

MINKOWSKI E. *La Schizophrénie*, Payot, Paris, 1997.

POSADA A. et coll. Anticipating incoming events. An impaired cognitive process in schizophrenia. *Cognition*, 2001, 81, 209-225.

POSADA A., FRANCK N. Use of a rule in schizophrenia. *Psychiatry Research*, 2002, 109, 289-296.

POSADA A. et coll. Stimulus and response ERP analyses of a two-level reaction time task. *Experimental Brain Research*, 2003, 152, 79-86.

POSADA A. et coll. Augmentation of induced visual gamma activity by increased task complexity. *European Journal of Neuroscience*, 2003, 18, 1-6.

POSADA A. et coll. Abnormal event-related potential in schizophrenia during a rule operation task. *Psychiatry Research*, 2005, 134, 45-66.

VIANIN P. et coll. Reduced P300 amplitude in a visual recognition task in patients with schizophrenia. *Neuroimage,* 2002, 17, 911-921.

ZALLA T. et coll. A component analysis of action planning processes in schizophrenia : A comparison with patients with frontal lobe damage. *Cognitive Neuropsychiatry*, 2001, 6, 271-296.

ZALLA T. et coll. Perception of dynamic action in patients with schizophrenia. *Psychiatry Research,* 2004, 128, 39-51.

ZALLA T. et coll. Impairment in event sequencing in disorganised and non-disorganised patients with schizophrenia. *Brain Research Bulletin,* 2006, 68, 195-202.

Chapitre 5
Les causes et les mécanismes de la schizophrénie

AMATO T. D' et coll. Seasonality of birth and ventricular enlargement in chronic schizophrenia. *Psychiatry Research*, 1994, 55, 65-73.

ARMSTRONG E. et coll. The ontogeny of human gyrification. *Cerebral Cortex*, 1995, 1, 56-63.

ARNOLD S.E. et coll. Recent advances in defining the neuropathology of schizophrenia *Acta Neuropathology*, 1996, 92, 217-231.

AYLWARD E. et coll. Intelligence in schizophrenia. *Schizophrenia Bulletin*, 1984, 10, 430-459.

BARBEAU D. et coll. Decreased expression of the embryonic form of the neural cells adhesion molecule in schizophrenic brains *Proceedings of National Academy of Sciences USA,* 1995, 92, 2785-2789.

BATESON G. et coll. Towards a theory of schizophrenia. *Behavioural Science,* 1956, 1, 251-264.

BEAUREGARD M. et coll. Sterotypies and loss of social affiliation after early hippocampectomy in primates. *Neuroreport,* 1995, 6, 2521-2526.

BENES F. Myelination of cortical-hippocampal relays during late adolescence. *Schizophrenia Bulletin,* 1989, 15, 585-593.

BENES F.M. et coll. Deficits in small interneurons in prefrontal and cingulated cortices of schizophrenic and schizoaffective patients. *Archives of General Psychiatry,* 1991, 48, 990-1001.

BENN-NATHAN D. et coll. Stress-induced neuroinvasivness of a neurovirulent sindbis virus in cold or isolation in subjected mice. *Life Sciences,* 1991, 48, 1493-1500.

BERTOLINO A. et coll. Regionally specific pattern of neurochemical pathology in schizophrenia as assessed by multi-slice proton magnetic resonance spectroscopic imaging. *American Journal of Psychiatry,* 1996, 153, 12, 1554-1563.

BRUTON C.J. et coll. Schizophrenia and the brain : A prospective clinico-neuropathological study. *Psychological Medicine,* 1990, 20, 285-304.

BULLMORE E.T. The dysplastic net hypothesis : an integration of developmental and dysconnectivity theories of schizophrenia. *Schizophrenia Research,* 1997, 28, 143-156.

CROW T.J. et coll. Schizophrenia as an anomaly of development of cerebral asymmetry : a post-mortem study and proposal of the genetic basis of the disease. *Archives of General Psychiatry,* 1989, 46, 1145-1150.

DAVIS K.L. et coll. Ventricular enlargement in poor outcome schizophrenia. *Biological Psychiatry,* 1998, 43, 783-793.

DELISI L.E. et coll. Brain morphology in first-episode schizophrenic-like psychotic patients : a quantative magnetic resonance imaging study. *Biological Psychiatry,* 1991, 129, 159-175.

DELISI L.E. et coll. A prospective follow-up study of brain morphology and cognition in first episode schizophrenic patients : preliminary findings. *Biological Psychiatry*, 1995, 38, 349-360.

DELISI L.E. et coll. Genome-wide scans in schizophrenia produce discrepant results : conclusions from a heterogeneous population and a genetic isolate. *Schizophrenia Research*, 2001, 53 (supplément), 25.

EGAN M.F., WEINBERGER D.R. Neurobiology of schizophrenia. *Current Opinion in Neurobiology*, 1997, 7, 701-707.

DEMILY C., THIBAUT F. Facteurs étiopathogéniques de la schizophrénie. *In* : *Psychiatrie de l'adulte et de l'adolescent*. J.D. Guelfi et F. Rouillon (éds), Masson, Paris, 2006.

DONE D.J. et coll. Childhood antecedents of schizophrenia and affective illness : social adjustments at ages 7 and 11. *British Medical Journal*, 1994, 699-703.

FALKAI P. et coll. Disturbed planum temporale asymmetry in schizophrenia. À quantitative post-mortem study *Schizophrenia Research*, 1995, 14, 161-176.

FANANAS L. et coll. Dermatoglyphic a-b ridge count as a possible marker for developmental disturbance in schizophrenia : replication in two samples. *Schizophrenia Research*, 1996, 20, 307-314.

FLAUM M. et coll. Effects of diagnosis, laterality and gender on brain morphology in schizophrenia *American Journal of Psychiatry*, 1995, 152, 704-714.

FRANCK N. Neuropathologie de la schizophrénie. *Encyclopédie Médico-Chirurgicale, Psychiatrie*, 37-285-A-18, 2003, 6 p.

FRANCK N., GEORGIEFF N. Hypothèse neurodéveloppementale de la schizophrénie. *Revue du Praticien*, 2002, 52, 1202-1207.

FROMM-REICHMANN F. Notes on the development of treatment of schizophrenics by psychoanalytic psychotherapy. *Psychiatry*, 1948, 11, 263-273.

GEDDES J.R. et coll. Schizophrenia and complications of pregnancy and labor : an individual patient data meta-analysis. *Schizophrenia Bulletin*, 1999, 25, 413-423.

GOFF D.C., COYLE J.T. The emerging role of glutamate in the pathophysiology and treatment of schizophrenia. *American Journal of Psychiatry*, 2001, 158, 1367-1377.

GOLDMAN P.S. et coll. Analysis of the delayed-alternation deficit produced by dorsolateral prefrontal lesions in the rhesus monkey. *J. Comp. Physiol. Psychol.*, 1971, 77, 212-220.

GOODMAN R. et GALKIN T.W. Prenatal removal of frontal association cortex in the fetal rhesus monkey : anatomical and functional consequences in postnatal life. *Brain Research,* 1978, 152, 451-485.

GREEN M.F. et coll. Minor physical anomalies in schizophrenia patients, bipolar patients, and their siblings. *Schizophrenia Bulletin*, 1994, 20, 433-440.

GUR R.E. et coll. Magnetic resonance imaging in schizophrenia. *Archives of General Psychiatry*, 1991, 48, 407-412.

HARRISON P.J., ROBERTS G.W. (éds). *The Neuropathology of Schizophrenia*, Oxford University Press, New York, 2000.

HOFFMAN R.E. et MCGLASHAN T.H. Synaptic elimination, neurodevelopment and the mechanism of hallucinated « voices » in schizophrenia. *American Journal of Psychiatry,* 1997, 154, 1683-1689.

HYDE T.H. et coll. Is there a cognitive decline in schizophrenia ? A cross sectional study. *British Journal of Psychiatry*, 1994, 164, 494-500.

KESHAVAN M.S., MURRAY R.M. *Neurodevelopment and adult psychopathology*, Cambridge University Press, Cambridge, 1997.

ISMAIL B. et coll. Minor physical anomalies in schizophrenic patients and their siblings. *American Journal of Psychiatry* 1998, 155, 1695-1702.

ISOHANNI M. et coll. Early developmental milestones in adult schizophrenia and other psychoses. A 31-year follow-up of the North Finlan 1966 Birth Cohort. *Schizophrenia Research*, 2001, 52, 1-19.

JACOBS S., MYERS J. Recent life events and acute schizophrenic psychosis : a controlled study. *Journal of nervous and mental disease*, 1976, 162, 75-87.

JAKOB H. et coll. Gross and histological criteria for developmental disorders in brains of schizophrenics. *Journal of the Royal Society of Medicine,* 1989, 82, 466-469.

JONES P. et coll. Child developmental risk factors for adult schizophrenia in the British 1946 cohort. *Lancet*, 1994, 344, 1398-1402.

Jaskiw G.E. et coll. Cerebral ventricular enlargement in schizophreniform disorder does not progress – a seven year follow-up study. *Schizophrenia Research,* 1994, 14, 23-28.

Kapur S. Psychosis as a state of aberrant salience : a framework linking biology, phenomenology, and pharmacology in schizophrenia. *American Journal of Psychiatry,* 2003, 160, 13-23.

Kendell R.E., Adams W. Unexplained fluctuations in the risk for schizophrenia by month and year of birth. *British Journal of Psychiatry,* 1991, 158, 758-763.

Kendler K.S., Diehl S.R. The genetics of schizophrenia, a current genetic-epidemiologic perspective. *Schizophrenia Bulletin,* 1993, 19, 261-285.

Kerwin R.W., Murray R.M. A neurodevelopmental perspective on the pathology and neurochemistry of the temporal lobe in schizophrenia. *Schizophrenia Research,* 1992, 7, 1-12.

Knight J. Schizophrenia and infection. *Lancet,* 1991, 338, 390.

Kraepelin E. *Psychiatrie : ein Lehrbuch für Studierende und Aerzte,* 6.Aufl., Barth, Leipzig, 1899.

Kullynych J.J. et coll. Normal asymmetry of the planum temporale in patients with schizophrenia. Three dimensional cortical morphology with MRI. *British Journal of Psychiatry,* 1991, 48, 996-1001.

Lawrie S.M. et coll. Brain abnormality in schizophrenia. *British Journal of Psychiatry,* 1998, 172, 110-120.

Lewis S. Structural brain imaging in biological psychiatry. *British Medical Bulletin,* 1996, 52, 465-473.

Lieberman J.A. Is schizophrenia a neurodegenerative disorder ? A clinical and neurobiological disorder. *Biological Psychiatry,* 1999, 46, 729-739.

Lidz R.W., Lidz D. The family environment of schizophrenic patients. *American Journal of Psychiatry,* 1949, 106, 332-345.

McGuffin P. et coll. Genetic basis of schizophrenia. *Lancet,* 1995, 346, 678-682.

Millar J.K. et coll. DISC1 and PDE4B are interacting genetic factors in schizophrenia that regulate cAMP signaling. *Science,* 2005, 310, 1187-1191.

MJELLEM N., KRINGLEN E. Schizophrenia : a review, with emphasis on the neurodevelopmental hypothesis. *Nord Journal of Psychiatry,* 2001, 55, 301-309.

MURRAY R.M. et coll. Towards an aetiological classification of schizophrenia. *Lancet,* 1985, mai, 4, 1023-1026.

MURRAY R.M., LEWIS S.W. Is schizophrenia a neurodevelopmental disorder ? *British Medical Journal,* 1987, 295, 681-682.

NORMAN R.M., MALLA A.K. Stressful life events and schizophrenia. I : a review of research. *British Journal of Psychiatry,* 1993, 162, 161-166.

O'CALLAGHAN E. et coll Schizophrenia after prenatal exposure to 1957 A2 influenzae epidemic. *Lancet,* 1991, 337, 1248-1250.

PARKER G. Season of birth in schizophrenia : no latitude at the equator. *British Journal of Psychiatry,* 2000, 176, 68-71.

PERRONE-BIZZOZERO N.I. et coll. Levels of growth associated proteins GAP-43 are selective increased in association cortices in schizophrenia. *Proceedings of the National Acadamy of Sciences,* 1996, 93, 14182-14187.

RAPOPORT J.L. et coll. Childhood onset schizophrenia : progressive ventricular change during adolescence. *Archives of General Psychiatry,* 1997, 54, 897-903.

REVELEY A.M. et coll. Cerebral ventricular size in twins discordant for schizophrenia. *New England Journal of Medicine,* 1990, 322, 788-794.

ROBERTS G.W. et coll. Gliosis in schizophrenia : A survey. *Biological psychiatry,* 1986, 21, 1043-1050.

ROBERTS G.W. Schizophrenia : a neuropathological perspective. *British Journal of Psychiatry,* 1991, 158, 8-17.

ROESSMANN U. et coll. Pathological reaction of astrocytes in perinatal brain injury : an immunohistochemical study. *Acta Neuropathology,* 1986, 70, 302-307.

SCHIFFMAN J. et coll. Minor physical anomalies and schizophrenia spectrum disorders : a prospective investigation. *American Journal of Psychiatry,* 2002, 159, 238-243.

SELEMON L.D. et coll. Abnormally high neuronal density in the schizophrenic cortex : a morphometric analysis of prefrontal area 9 and occipital area 17. *Archives of General Psychiatry,* 1995, 52, 805-818.

SHAM P.C. et coll. Schizophrenia following prenatal exposure to influenzae epidemics between 1939 and 1960. *British Journal of Psychiatry*, 1992, 160, 461-466.

SHENTON M.E et coll. Abnormalities of the left temporal lobe and thought disorder in schizophrenia. A quantative magnetic resonance imaging study. *New England Journal of Medicine*, 1992, 327, 604-612.

STEVENS J.R. Neuropathology of schizophrenia. *Archives of General Psychiatry*, 1982, 39, 1131-1139.

SUSSER E.S. et LIN S.P. Schizophrenia after prenatal exposure to the Dutch Hunger Winter of 1944-1945. *Archives of General Psychiatry*, 1992, 49, 983-988.

SUSSER E. et coll. Schizophrenia after prenatal exposure to famine : further evidence. *Archives of General Psychiatry*, 1996, 53, 25-31.

TAKEI N. et coll. Schizophrenia : increased risk associated with winter and city birth – a case control study in 12 regions within England and Wales. *Journal of Epidemiology and Community Health*, 1995, 49, 106-109.

THIBAUT F. (éd.). *Génétique de la schizophrénie*, John Libbey Eurotext, Paris, 2003.

VERDOUX H. et coll. Obstetric complications and age at onset in schizophrenia : An international collaborative meta analysis of individual patient data. *American Journal of Psychiatry*, 1997, 154, 1220-1227.

VOGELEY K. et coll. Right frontal hypergyria differentiation in affected and unaffected siblings from families multiply affected with schizophrenia : a morphometric MRI study. *American Journal of Psychiatry*, 2001, 158, 494-496.

WADDINGTON J.L. et coll. Neurodynamics of abnormalities in cerebral metabolism and structure in schizophrenia. *Schizophrenia Bulletin*, 1993, 19, 55-69.

WALKER E.F. Prediction of adult onset schizophrenia from childhood home movies of the patients. *American Journal of Psychiatry*, 1990, 147, 1052-1056.

WEINBERGER D.R. Implications of normal brain development for the pathogenesis of schizophrenia. *Archives of General Psychiatry*, 1987, 44, 660-669.

WINTERER G. & WEINBERGER D.R. Genes, dopamine and cortical signal-to-noise ration in schizophrenia. *Trends in Neurosciences*, 2004, 27, 683-690.

WOODS B.T. Is schizophrenia a progressive neurodevelopmental disorder ? Towards a unitary pathogenetic mechanism. *American Journal of Psychiatry*, 1998, 155, 1661-1670.

WRIGHT P., GILL M., MURRAY R.M. Schizophrenia : genetics and the maternal immune response to viral infection. *American Journal of Med. Genet.*, 1993, 48, 40-46.

DEUXIÈME PARTIE
Soigner la schizophrénie

Chapitre 6
L'hospitalisation

HIRSH S.R., WEINBERGER D.R. *Schizophrenia*, second edition, Blackwell Science, Malden, 2003.

Chapitre 7
Médicaments et nouvelles méthodes thérapeutiques

ANDREASEN N.C. *Brave New Brain, Conquering Mental Illness in the Era of the Genome*, Oxford University Press, New York, 2001.

FRANCK N. Restauration des fonctions cognitives dans la schizophrénie. *Neuronales*, 2003, 9, 12-14.

FRANCK N. Remédiation cognitive. *La Lettre du psychiatre* 2005, numéro spécial sur la désorganisation conceptuelle, 17-19.

FRANCK N. et coll. Confusion between silent and overt reading in schizophrenia. *Schizophrenia Research*, 2000, 41, 357-364.

FRANCK N. et coll. Left temporoparietal transcranial magnetic stimulation in treatment resistant schizophrenia with verbal hallucinations. *Psychiatry Research*, 2003, 120, 107-109.

FRANCK N., THIBAUT F. Pharmacologie et mode d'action des neuroleptiques. *EMC-Psychiatrie*, 2005, 2, 282-299.

FRANCK N., THIBAUT F. Modalités d'utilisation des neuroleptiques. *EMC-Psychiatrie*, 2005, 2, 300-339.

GOURION D., GUT-FAYAND A. *Les Troubles schizophréniques*. Ellipses, Paris, 2004.

HOFFMAN R.E. et coll. Temporoparietal transcranial magnetic stimulation for auditory hallucinations : safety, efficacy and moderators in a fifty patient sample. *Biological Psychiatry*, 2005, 58, 97-104.

OLIÉ J.P., DALÉRY J., AZORIN J.M. (éds) *Médicaments antipsychotiques : évolution ou révolution ?*, Acanthes, Paris, 2002.

POMINI V. et coll. *Thérapie psychologique des schizophrénies*. Mardaga éditeurs, Sprimont, 1998.

POULET E. et coll. Slow transcranial magnetic stimulation can rapidly reduce resistant auditory hallucinations in schizophrenia. *Biological Psychiatry*, 2005, 57, 188-191.

SHARMA T., HARVEY P.D. *Cognition in Schizophrenia. Impairments, Importance and Treatment Strategies*, Oxford University Press, New York, 2000.

SPENCE S.A., David A.S. (éds) *Voices in the brain, the cognitive neuropsychiatry of auditory verbal hallucinations*, Psychology Press, Hove, 2004.

STAHL S.M. *Psychopharmacologie essentielle* (traduction de T. Faivre et P. Lemoine), Flammarion Médecine-Sciences, Paris, 2002.

Chapitre 8
Pour une réinsertion sociale

BESANÇON M.N. *On dit qu'ils sont fous, mais je vis avec eux*. Éditions de l'Atelier, Paris, 2006.

GOUMILLOUX R. Quelles possibilités d'orientation professionnelle pour les patients schizophrènes ?, *Synapse*, 2005, 220, 47-52.

POMINI V. et coll. *Thérapie psychologique des schizophrénies*. Mardaga Éditeurs, Sprimont, 1998.

SHARMA T., HARVEY P.D. *Cognition in Schizophrenia. Impairments, Importance and Treatment Strategies*, Oxford University Press, New York, 2000.

Table des matières

DEUXIÈME PARTIE

Soigner la schizophrénie

CET OUVRAGE A ÉTÉ TRANSCODÉ
ET MIS EN PAGES CHEZ NORD COMPO (VILLENEUVE-D'ASCQ)
ET ACHEVÉ D'IMPRIMER SUR ROTO-PAGE
PAR L'IMPRIMERIE FLOCH À MAYENNE
EN OCTOBRE 2006

N° d'impression : 66840.
N° d'édition : 7381-1846-X
Dépôt légal : octobre 2006.
Imprimé en France